XIAOSHOU
ZHANGKUAN
CUISHOU

销售
账款催收 92 招

苗小刚 /主编

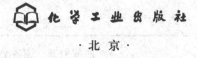

·北京·

没有回款的销售等于零，而催收欠款是一项长期而艰苦的业务，不仅要有坚韧不拔的毅力，更要具备讨债的素质和能力，掌握必备的讨债技巧。

《销售账款催收92招》从销售人员的角度出发，针对催款过程中遇到的各种难题，全面阐述了讨债人应具备的基本素养，如账款催收前的准备工作，讨债的方法，如何与债务老赖沟通，如何应对破产客户，如何避免呆账、死账，以及在与欠债人签订合同、付诸法律时应注意的事项等。全书采用图+文的写作形式，可读性强，每种方法都以一种小妙招的形式呈现，让你轻松掌握回款的各种技巧，扼杀呆账、死账，快速提升销售业绩，成为销售高手，是销售回款的实用法宝。

本书适合销售人员、企业管理人员阅读，也适合高等院校经管和财经等相关专业的师生参考。

图书在版编目（CIP）数据

销售账款催收92招/苗小刚主编．—北京：化学工业出版社，2016.4（2024.2重印）
　ISBN 978-7-122-26290-5

Ⅰ.①销⋯　Ⅱ.①苗⋯　Ⅲ.①企业管理-销售收入-应收账款-财务管理-问题解答　Ⅳ.①F275.1-44

中国版本图书馆CIP数据核字（2016）第028694号

责任编辑：卢萌萌　李　伟　　　装帧设计：史利平
责任校对：王素芹

出版发行：化学工业出版社（北京市东城区青年湖南街13号　邮政编码100011）
印　　装：北京建宏印刷有限公司
710mm×1000mm　1/16　印张13¼　字数230千字　2024年2月北京第1版第13次印刷

购书咨询：010-64518888　　　　　　　　　　售后服务：010-64518899
网　　址：http://www.cip.com.cn
凡购买本书，如有缺损质量问题，本社销售中心负责调换。

定　　价：48.00元　　　　　　　　　　　　　　　　版权所有　违者必究

前言

市场竞争日益激烈,越来越多的企业面临着"赊账难、不赊更难"的双重困境。一方面,企业为争取更多客户,不得不赊账;另一方面,赊账后客户长久拖欠,又严重影响到企业资金流的正常运转。

造成这种窘境有很多原因,销售人员回款不力是主要原因之一,也是最直接的原因。因此,销售人员作为企业的主力军,除了将产品推销出去之外,还必须要承担回收账款的责任,为企业挽回经济损失。

然而,大多数销售人员都没有及时回收账款的意识,也缺乏回收账款的能力,在对付欠债老赖上更是捉襟见肘,无法应对。本书即是围绕销售人员的这些问题而编写,着眼于销售后的催款这一环节,以提高意识、拓宽知识面、增强能力和强化技能为出发点,全书内容紧扣每个细节,几乎囊括了催款中可能遇到的每个问题。

全书分为十章,每章都有明确的主题,由易到难,由外到内,深入浅出地分析。同时,全书是以图表的方式阐述,本着易懂、易操作的原则行文,兼具可读性强和实用性强的双重特色,为读者带来不一样的阅读体验。

实用性是什么?就是对普通大众最有用的东西。我们提供给读者的方法一定是能帮助读者解决实际问题的。读者关注什么，我们就关注什么，大多数书都在讲为什么这样做，却恰恰把最重要的——怎样做给忘记了。因此，本书不会讲一些大道理，不会反复讲概念和意义，目的只有一个，让读者看完这本书，就知道怎么去操作。

实用性解决的是要不要做的问题，可读性则是解决愿不愿意读的问题。对于一本书来说，只有读者愿意花时间去看才显出其价值，得不到读者的青睐，即使再实用也无济于事。本书没有过多的理论介绍，理论部分也本着"简单易懂、生动有趣"的原则去撰写，大大增加了可读性。

本书能够出版，感谢魏艳、张丽萍、王方方、苗李敏、潘鑫、魏丽、丁善东、李伟、苗李宁、谭厚臣等同志的大力支持，他们群力群策，或提供资料，或讲述自己的经验。同时，也对丁雨萌、樊冬梅在图表设计、文字校对方面的支持表示感谢。正是集多人之智慧，此书才能编撰而成，在此对各位一并表示感谢。

编者
2015年10月

目 录

[第一章]

防范风险,有效回款从自我做起 / 1

技巧1　强化催款的意识 / 2
技巧2　端正催款的心态 / 4
技巧3　提高素质和能力 / 5
技巧4　掌握催款的知识 / 7
技巧5　广结人缘助催款 / 9

[第二章]

有备无患,做好催收账款的前期工作 / 11

技巧6　分析欠款的原因 / 12
技巧7　明确欠款的性质 / 14
技巧8　确定欠款的类别 / 17
技巧9　提高对欠款的管理 / 21
技巧10　加强欠款的外放控制 / 25
技巧11　制订合理的催款计划 / 27
技巧12　制订明确的催款目标 / 29
技巧13　对欠款账龄进行划分 / 31
技巧14　了解账款回收的具体时限 / 33
技巧15　准确把握客户的付款周期 / 35
技巧16　掌握催款的基本流程 / 37
技巧17　对应收账款进行跟踪分析 / 39

[第三章]

知己知彼，催款前打一场情报战 / 41

技巧18 掌握客户的基本信息 / 42
技巧19 约定时间，亲自拜访 / 44
技巧20 加强对客户资料的搜集 / 46
技巧21 对欠款人进行分类 / 49
技巧22 分析欠款人的性格类型 / 51
技巧23 识别欠款人的拖欠借口 / 53
技巧24 防止客户布下的讨款陷阱 / 57
技巧25 提前准备一套得体的话术 / 59

[第四章]

善于沟通，先搞好关系后催款 / 63

技巧26 初次交涉避免逼得太紧 / 64
技巧27 好言相劝陈述其中厉害 / 66
技巧28 适度示弱，引起对方同情 / 67
技巧29 对无故拖延不能一味迁就 / 69
技巧30 关键时刻要主动"出击" / 71
技巧31 选择有利的时间和地点 / 72
技巧32 注意说话的表达方式 / 75
技巧33 注意语速语调的配合 / 77
技巧34 用真情去打动对方 / 79
技巧35 多用实例进行说服 / 80

[第五章]

多管齐下，综合运用多种催款手段 / 83

技巧36 利用电话不间断地催款 / 84
技巧37 借助公司压力催收账款 / 86
技巧38 借助周围的人帮忙 / 88
技巧39 巧用客户内部力量催款 / 90
技巧40 运用公关手段催收账款 / 91
技巧41 委托专业机构催收账款 / 92
技巧42 通过金融机构催收账款 / 94
技巧43 运用媒体影响力催收账款 / 95

技巧44　联合其他力量给欠款人施压 / 97
技巧45　借助特殊的场合进行催款 / 98

[第六章]

巧妙周旋，对付老赖有绝招 / 101

技巧46　尽早发现客户拖欠苗头 / 102
技巧47　客户变更信息要及时更新 / 103
技巧48　发送催款函友情提示 / 105
技巧49　向客户发送催款函 / 106
技巧50　必要时委派律师发送律师函 / 108
技巧51　终止合作，逼迫客户还款 / 110
技巧52　保留证据，销售单据是铁证 / 112
技巧53　准备完善的文件和资料 / 113
技巧54　擒贼擒王，找准拍板者 / 114
技巧55　巧妙利用第三方，借梯登天 / 116
技巧56　找到对方的弱点，趁虚而入 / 118
技巧57　获取客户承诺，准备打持久战 / 119
技巧58　以静制动，致命一击 / 121

[第七章]

降低赊销风险，将呆、死账扼杀在摇篮里 / 123

技巧59　分析形成呆、死账的原因 / 124
技巧60　对客户风险进行权衡鉴别 / 126
技巧61　调查客户并形成文字报告 / 129
技巧62　善用指标对客户信用进行评价 / 131
技巧63　充分利用企业信用管理部门 / 133
技巧64　明确信用管理部门的类型 / 136
技巧65　规范申报流程，减少赊销随意性 / 138
技巧66　协助企业部门核销坏账 / 139
技巧67　协助企业做好危机预警防范 / 142

[第八章]

签订合同，减少不必要的法律纠纷 / 145

技巧68　与客户签订正式合同 / 146

技巧69　合同特殊条款如何界定 / 149
技巧70　客户合同中常见的陷阱 / 152
技巧71　谨防签订无效合同 / 154
技巧72　有些合同可及时撤销 / 156
技巧73　如何对合同进行担保 / 159
技巧74　保证担保使用方法 / 161
技巧75　抵押担保使用方法 / 164
技巧76　质押担保使用方法 / 166
技巧77　留置和定金使用方法 / 168
技巧78　违约责任常见的处理办法 / 169
技巧79　对合同实时进行跟踪监控 / 172

[第九章]

付诸法律，以"黑"治"黑" / 175

技巧80　强制执行的诉讼催款法 / 176
技巧81　简单便捷的调解催款法 / 179
技巧82　借力打力的仲裁催款法 / 181
技巧83　诉讼、仲裁、调解三者的关系 / 184
技巧84　要在诉讼时效内提起诉讼 / 188
技巧85　必要时可利用支付令 / 191
技巧86　如何对债务人财产进行保全 / 195
技巧87　必要时可申请先予执行 / 199

[第十章]

亡羊补牢，巧妙处理破产客户回款 / 201

技巧88　破产不再是免费午餐 / 202
技巧89　转移债权回收账款 / 204
技巧90　以物抵债回收账款 / 206
技巧91　劳务抵债回收账款 / 208
技巧92　促成并购回收账款 / 210

参考文献 / 212

第一章

防范风险，
有效回款从自我做起

　　由于强者与弱者在社会中扮演的角色不同，所以强者与弱者的心理状态也完全不一样。真正的强者其实是一种不服输的心态，销售人员催款时就该有这样的心态。这是一种面对困难时的坚强，是一种面对困境时的临危不乱，更是一种不达目的誓不罢休的坚持。

技巧 1　强化催款的意识

> 欠款难以收回并不全是客户的问题，很多时候，都是因为收款方的销售人员缺少回款意识，在主观上有一种逃避的、消极的心理，不到万不得已时，决不轻易催款。

有些客户缺乏诚信，总希望在货款上打持久战，认为拖得时间越长赖账机会越大。而很多销售人员的消极心态也恰恰助长了这些人的赖账心理。很多时候，正是销售人员缺乏催款意识，才导致在收款时处处被动。

从这个角度看，催款人必须具有积极的回款意识，所谓"我强敌弱"，一定要在心态与行动上让客户打消赖账的心理。接下来，我们就来了解一下销售人员在催款时应该树立哪些催款理念。

理念1：思想层面的理念

在现代经济社会，诚信经营是衡量企业好坏的主要标准，但由于经济利益，以及其他种种利益的驱使，很多企业打出的诚信招牌其实都是"假诚信"。面对这类客户，销售人员一定要树立主动催款的意识，而不要寄希望于客户主动还款。

理念2：时间层面的理念

无数事实证明，时间是欠款者的"保护伞"，时间越长，追收欠款的成功率越低。根据拖欠时间与回款成功率的关系，可以描绘出以下函数关系示意图。

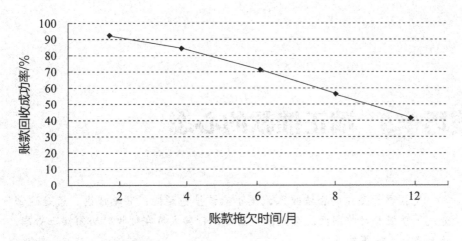

理念3：行为层面的理念

在账款被追讨回之前，永远不要停止催款的步伐。生意场上有句老话："承诺并不代表付款"。所以，不管对方做出什么承诺，最好都能落实到书面上，并反复利用电话或传真等多种方式进一步确认，继续追踪，直到对方清账为止。

有了这些意识之后，在具体工作过程中销售人员又该如何强化这些意识呢？可从以下4个方面做起。

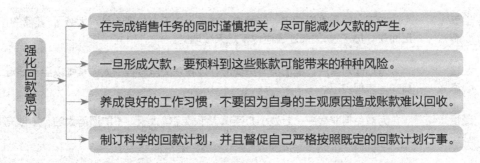

回收欠款是一项艰辛的工作，销售人员若始终处于一种消极、被动的状态，妄想坐等客户自动上门送钱，是不可取的。反之，需要的是不断强化自己的回款意识，给欠款人施加压力，促使对方尽快还款。

技巧 2　端正催款的心态

> 欠款属于企业的合法收入，是不应该被拖延的，简单地讲，就是这部分款项应及时收回而没有收回。因此，销售人员在催收时必须摆正心态，不要有低人一等的感觉。

催款是个长期的过程，在这个过程中销售人员可能会遇到多种多样的问题。心态问题便是其中之一，也是制约回款成功的主要因素。很多销售人员在向客户催款时有一种不健康的心态，比如，怠慢、自卑、胆怯等。这些心态不但严重阻碍了催款的积极性和能动性，更会激发客户的赖账欲望。

接下来，我们就来盘点一下销售人员催款过程中常见的不健康心态。

自卑心态	在不少销售人员看来，催款难，难于上青天，欠债的是"大爷"，要债的反而是"孙子"，欠债还钱再也不是天经地义。
胆怯心态	害怕面对客户，害怕与客户交流，或者在交流过程中太过紧张以至于很难真实地表现自己。
谨慎心态	为避免得罪客户，处处小心谨慎，不敢追得太紧，不敢逼得太凶，不敢充分地表达自己的意见。
消极心态	不敢积极地面对现实，把解决问题的希望寄托在领导、同事、客户身上，甚至希望问题意外地主动化解。
乞求心态	有的销售人员在收账时总摆出一副弱者的态势，言语间充满乞求的味道，这样从一开始注定就是失败的。

欠款并不可怕，可怕的是不敢去面对，那么，应该如何纠正这些不健康的心理呢？可以按照以下3个步骤做起。

第一步：分析问题的原因

害怕与欠款客户接触，先要分析一下问题的原因，并主动与其他人员探讨，找到解决问题的办法。

第二步：分析不健康心理形成的原因

了解并分析自己对哪些任务、哪些人、哪些事反感，确定这种情感是否会不利于催款活动的开展。值得注意的是，在如何解决这个问题上，有些人出现了"错位"，错误地认为这是性格问题，其实不是。

第三步：采取适当的方式消除不健康心理

心态不健康不是性格上的缺陷，更多的是一种行为表现，因此，解决不健康的心态问题应该集中放在纠正行为、改变习惯上，具体做法如表1-1所列。

表1-1　消除不健康催款心理的方法

保持稳定的情绪	任何一点差错都可能诱发催款人员产生情绪上的波动。因此，要常用理智和意志来调节自己，使自己时刻保持稳定的情绪，拥有一颗平静、沉着的心
保持清醒的头脑	使自己在整个催款过程中能够稳扎稳打，步步为营地同欠费客户进行交涉、周旋，最终达到使其付清欠款的目的
具有坚强的意志	催款人员应当有自觉、果断、自制和持之以恒的特征以及坚强的意志，这是完成催款任务的根本保证。一个意志不坚强的人，遇到困难便想马上撤退，是不能胜任催款任务的

树立正确催款心态的核心是转变立场，转变思维观念，分清谁是这场博弈中更具有心理优势的一方。催款人应该主动一些，以胜利者的姿态去要求欠款人限期、足额还款，而不是让欠款人占尽了主动，否则对方就会摆出一种施舍的态度。

技巧 ③ 提高素质和能力

> 影响催款成败的因素有很多，其中，销售人员自身的素质和能力是最重要的一个因素，如职业道德、思维能力、公关能力等。因此，在实际工作中需要不断提高自身的素质和能力。

能力决定一切，有些销售人员之所以难以收回欠款，最根本的原因是自身能力的欠缺，一个优秀的销售人员应具备以下4方面的能力。

(1) 高尚的职业道德

销售人员有无高尚的职业道德事关重大，某种程度上会直接关系到催款的成败。因此，作为销售人员，在催收过程中首先需要做到的是展现自己良好的职业道德，给客户留下良好的印象。

销售人员的职业道德标准如下图所示。

遵纪守法	依法办事
优质服务	忠于职守

(2) 强大的心理素质

心理素质比身体素质更重要，也往往是决定催款成败的关键。心理素质的内容十分广泛，通常是指人的感觉力、记忆力、注意力、思维力、想象力、情绪控制力、意志力、气质、能力以及个性等等。

销售人员的心理素质标准如下图所示。

感知灵敏	记忆超强
情绪稳定	意志坚强

(3) 良好的沟通能力

销售人员的沟通能力如何，不仅说明销售人员文化素质的高低，同时对催款能否成功也有着直接影响。在日常工作中，应当培养自己多读、多看、多想、多写的好习惯，对自己所说的每一句话都应力求言简意赅，准确无误。准确无误地表达是同清晰、严谨的思维分不开的。

销售人员的沟通能力标准如下图所示。

目标明确	清晰表达
思路清晰	分析严谨

（4）超强的公关能力

销售人员在催款过程中要经常与各式各样的人打交道，比如：客户单位的关税人员、行政科长、公司经理（厂长）、财务人员以及其主管单位的政府领导，还有报社、电视台等新闻媒体。应该恰当地处理好与这些职业、气质、个性等均不相同的人的关系，以取得他们对催款人员的同情与支持，从而使欠款单位尽快还清欠款。这也要求催款人员应该具备较好的语言表达能力和一定的公关能力。

销售人员的公关能力标准如下图所示。

礼貌有节	坚持原则
灵活变通	多听少说

技巧 4　掌握催款的知识

> 要想更好地完成催款任务，除了具备一定的能力外，还要学习必要的专业知识。催款人如果知识匮乏，那么在与欠款客户打交道的过程中就很容易处于被动地位。

在对账款进行催讨的过程中，销售人员需要掌握的知识有很多，除了自身必须掌握销售知识、与产品或服务有关的知识外，还应对财务、法律等基本常识有所了解。虽不必成为专家，但也必须是个杂家，这是对销售人员催款的基本要求。

（1）行业方面的知识

一名销售人员要顺利催款，首先必须了解整个行业，掌握丰富的行业知识，加深对行业的认识，提高对行业发展趋势的认识。明确知道该行业的市场特征、市场前景，当客户对你的产品有质疑时，能够用这些知识来解答客户提出的问题，消除客户的疑虑。

了解自己所在的行业，首先要具备必要的行业知识，行业知识可以从以下4个方面去了解。

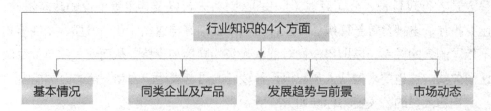

（2）产品方面的知识

无论做哪个行业的销售，销售人员必须具备一项最基本的素质：扎实的专业知识。如果你能像修车师傅那样熟悉汽车的话，一定可以推销出更多的车；如果你能像理财分析师那样懂得理财的话，一定可以多推销几套理财产品。大多数销售人员之所以无法将自己的产品很好地展示给客户，其主要原因就是对产品了解不够。

优秀的销售人员提升业绩的前提就是充分了解自己的产品，能够很好地应对客户提出的各式各样的问题与异议。以三星Note5手机为例，在对产品进行了解时，通常包括表1-2所列的几个方面的内容。

表1-2 产品的基本信息表

项目	基本信息
名称	手机
品牌	三星
型号	Note5
分类	智能设备
计量单位	部
生产厂家	略
厂地	略
内含部件	主机_x1、锂电池_x1、数据线_x1、耳机_x1、充电器_x1 S Pen手写笔_x1、说明书_x1、保修卡
服务内容	全国联保，享受三包服务，质保时间1年。质保备注：主机1年，电池6个月，充电器1年，有线耳机3个月，等等

（3）财务方面的知识

目前，各企业之间大额的业务往来经常采用支票付款的方式，销售人员掌握财务知识的目的是解决如何运用支票进行账款催收的问题，需要掌握的财务知识如下：

弄清还款人是否有签发支票的权限，如果没有即使顺利拿到支票也无法兑现。	当支票签发人并非欠款本人，为避免产生纠纷，必须要求对方交付支票人背书。	看支票内容是否填全，如金额、到期时间、发票人盖章等。
确保支票上文字无涂改、涂抹或更改的痕迹，否则在兑现过程中会出现问题。	了解支票何处不能修改（如大写金额），如果需要更改是否加盖原印鉴等。	根据支票上的相关记录了解欠款客户银行的往来情况，以便总结出资信情况。

（4）法律方面的知识

催款人必须有广博的法律知识储备，尤其是经济、民事方面的法律知识，比如《民法通则》《经济合同法》《民事诉讼法》等等。如此，催款人才能从容不迫地做到兵来将挡、应付自如。具体方法可向业内的财务人员请教，也可向专业的财务管理公司学习。

切莫因为自己在知识方面的匮乏而造成欠款无法顺利回收，在催讨欠款之前学习和掌握一些财务知识，往往可以使你在催收账款的过程中省去许多不必要的麻烦。因此，销售人员一定要尽可能地多掌握些财务方面的知识，以便使自己的催款任务能够更加高效地完成。

技巧 5 广结人缘助催款

> 催款，是一件与人打交道的工作，需要与不同的人接触，从普通员工到部门负责人，从秘书前台到企业董事、法人代表。因此，催款人员必须学会广交朋友，在圈内结一张庞大的关系网。

催款工作一头连着催款人（债权人），一头连着还款人（债务人），但很少是单线联系，双方一般会约定一个或几个特定的代表，全权负责收款或还款的具体事宜。因此，在整个催款过程中催款人注定不是与某一个人打交道。

要想更好地开展催款工作，销售人员需要学会与各种人打交道，并善于处理与各种人的关系。

（1）与对方指定的付款人打交道

直接找对方指定的付款人，是最常用、最直接的一种催款方式，也是最便于实现的。通常来讲，指定的付款人包括业务人员、财务人员或特定的人员。

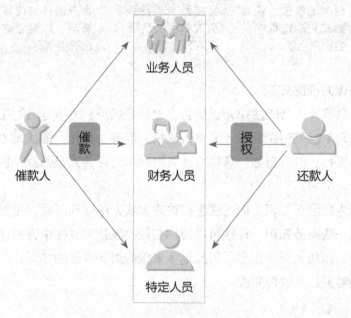

这类方式属于间接催款，适合于那些经营规范、规模较大的集团性企业，因为很难接触到企业高层，只能通过中间人间接催款。值得注意的是，如果所接触的中间人没有决策权，这种方法便很难见效，效率也会大打折扣。

（2）与直接负责人或老板打交道

这种方法一般适合小型企业，即使对方有指定的人员接洽，也要想办法直接接触负责人。因为在这种情况下，所指定的人往往是没有实权的，也许只是拖延还款的挡箭牌。

第二章

有备无患，
做好催收账款的前期工作

常言道："预则立，不预则废。"做任何事情都需要提前做好计划。对于销售人员来说，需要有足够的时间做准备工作，分析原因，制订计划，与欠款客户沟通，等等。只有做好前期工作，才能为后期的正式催款打下基础。

技巧 6　分析欠款的原因

> 在账款催收过程中，一旦出现难以挽回的局面，销售人员的利益可能受到损害，甚至对企业利益造成难以估量的损失。这时催款人首先要做的一件事情是：认真分析一下是什么原因造成了款项难以收回。

账款难以收回，很多时候不仅仅是欠款人造成的，而是许多主、客观原因的综合作用。催款人应充分了解各种原因，这有助于在账款回收过程中更加有的放矢地开展工作。

以下是影响账款难以收回的两大因素：

因素1　市场环境因素

大量客观因素的存在往往使企业或主动、或被动、或无意识地出现拖延欠款的情况，其中最主要的一个客观因素就是市场环境的影响。市场环境的可变性和复杂性造成了账款风险产生的3大重要原因如下：

> 市场竞争日益激烈：首先，企业为了满足自身生存和发展的需要，扩大市场份额；其次，市场竞争使企业出现一系列经营风险，由此产生了不必要的欠款。

> 欠款企业或个人缺乏诚信经营意识：在市场经济环境中，很多企业唯利是图，所有行为只图"利益"二字，严重缺乏诚信意识，有故意拖欠账款之嫌。

> 企业盲目扩大市场占有率，对欠款的风险管理较弱，法律基础淡薄，法律观念不强。

因素2　企业自身因素

除了市场环境带来的客观因素外，来自于企业内部的诸多因素也是产生欠款风险的重要原因。为了更好地规避由回款不利造成的种种风险,销售人员必须了解企业以及自身的问题,尽可能地降低欠款所造成的内部风险。

来自企业内部,及销售人员本身的不利因素主要如下。

(1) 企业内部因素

过于强调业绩:很多企业在考核员工时"唯业绩论",即只关心销售额。这使得销售人员为了个人利益急于销货,制订更高销售目标,这种心态最终会导致大量欠款的产生。

各部门协调不力:比如财务或售后服务等部门的不配合,常常使销售人员无法及时拿到货款,并且在今后的回款过程中不断遭遇难题。

产品方面的问题:产品缺乏核心竞争力,知名度、品牌影响力不足等;同时,同质化现象严重。

(2) 销售人员自身因素

原则性不强:某些销售员为了完成销售任务,或者与经销商搞好关系,在销售过程中经常丧失原则,为不规范营销开绿灯,这种丧失原则的行为常会为自己将来的收款埋下隐患。

对客户资信度审查不力:财务运作方面的不规范,或者对客户其他资格认证方面的失误,也是形成大量欠款的重要因素。

缺乏风险意识:销售人员有可能因为不够谨慎,最终导致账款难以回收,比如与客户进行贸易往来的手续不健全,甚至丢失原始合同或结算单等重要单据。

综上所述，欠款的形成是由多方面原因造成的，充分了解这些原因，有利于销售人员更好地展开账款催收工作，有针对性地做出应对策略，提高收款率。

技巧 7　明确欠款的性质

> 欠款是指企业在日常经营中因赊销而产生的，通过合法手段、流程和技巧，应收回的那部分款项。欠款的收回可降低企业风险率和坏账率，防范和规避由于赊销带来的风险。

在市场经济迅猛发展的形势下，市场竞争日益激烈，企业为了自我生存和发展，会采取各种各样的手段来提升市场占有率，提高销量。其中，一个重要手段就是赊销，然而赊销必定产生欠款。

所以，欲搞清欠款的性质，必须明确以下三个问题。

（1）什么是欠款？

欠款，法律意义上又叫债，从法律的角度来看，债是按照合同约定或规定的，在当事人之间产生的权利和义务关系。从以上规定可以看出，债是一种民事法律关系，通常包含3个要素。

① 当事人：指债务的主体，法律意义上的双方当事人是特定的自然人或法人，享有权利的一方为债权人，负有义务的一方为债务人。按照法律规定，当事人一经确定，双方都负有相应的权利和义务，且必须承担相应的法律责任。

② 债的内容：从法律的角度讲，即双方当事人所享有的权利和应履行的义务。

③ 债的标的：即债的客体，一般指的是物品的种类、数量以及金额等相关内容。

综上所述，债作为一种民事法律关系，是以上三要素综合的作用。能够引起债发生的法律事实就是债的发生原因,在我国,债的发生原因主要有以下几类,如下图所示。

(2)什么是企业的赊销行为?

企业欠款主要发生在企业与客户之间,因双方在业务来往中的赊销行为而产生的。那么,什么是赊销,如下图所示。

从以上流程图中可以看出,赊销是企业产生欠款的原因。赊销,对于买家来讲,好处不言而喻,比如,缓解资金周转的压力、减少银行贷款、降低利息成本。更重要的一点是,当发现产品有质量问题时,可以在付款上占据更主动的地位,降低损失。

相比之下,赊销对于企业一方来说却是件很难"两全"的事,面对竞争激烈的市场,很多时候显得有些迫不得已,又不得不接受对它来说看似苛刻的条件——赊销。如果不赊销,产品就很难卖出去;但赊销,企业又面临账款无法回收、钱货两空的巨大风险。

（3）销售人员如何认识企业赊销行为？

仔细分析一下，赊销对企业并非全都是弊，正所谓任何事物都有正反两方面一样，赊销对企业也有有利的一面，主要表现在以下4个方面。

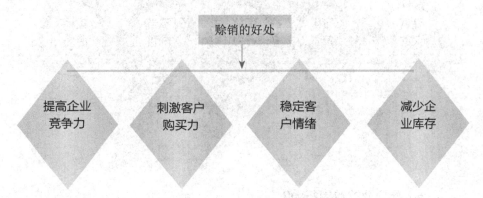

1）提高企业竞争力

有能力赊销的企业显然比没有能力赊销的企业具有更强的市场竞争力。如果企业有雄厚的资金做后盾，那么它就有条件对客户进行赊销，经受得起由赊销带来的资金周转的负担。

2）刺激客户购买力

对于那些资金暂时有困难的买方，赊销无疑具有强大的诱惑力。例如，有的家电商家推出"分期付款"的销售策略，客户的咨询数和销售量都明显增加，就充分说明了这一点。

3）稳定客户情绪

对信誉好、实力强的客户提供赊销作为优惠条件，为保持长期稳定的客户关系提供了保障。对相互了解而又暂时没钱的老客户进行赊销，帮助其缓解资金周转困难，客户会因此加深与供应商的"感情"，今后会将更倾向与其从事交易。

4）减少企业库存

很多企业的产品积压严重，资金大量占用，无法变现，在很大程度上阻碍了企业的发展，有些企业甚至面临破产倒闭的危险。赊销虽然不能使企业的资金马上回笼，但是起码使其成为可能。

当对赊销行为有正确的认知后，就能对欠款的性质有全面的认识。赊销实质上是提供信用的一种形式，卖者为债权人，买者为债务人，这种债务关系是正当的，受法律保护的。

技巧 8 确定欠款的类别

> 普通意义上的欠款范围很广,就企业欠款而言是有特定范围的。也就是说,并不是所有的企业欠款都属于应收账款,比如,应收账款的利息、长期债券等均不属于该范围。

根据不同的划分标准,欠款有不同的类型。因不同类型的债务,偿还期限、标准以及涉及的债务人都不同,在进行收款之前,销售人员有必要搞清自己所催收的是哪种欠款,以便有针对性地采取措施。

那么,欠款通常有哪几个类型呢?具体如表2-1所列。

表2-1　欠款的类型划分

划分标准	欠款类型	
是否签订合同	签订合同:合同之债	没签订合同:非合同之债
双方当事人的多少	单一之债	多数人之债
标的物属性	特定物之债	种类物之债
标的物是否具有选择性	简单之债	选择之债
债的关联程度	按份之债	连带之债
两个债之间的关系	主债	从债
债务人履行的内容	财物之债	劳务之债

(1)合同之债和非合同之债

合同之债是指基于当事人订立合同而发生的债。非合同之债是指根据法律的规定,因违背某一法律事实,当事人之间而产生的债权、债务关系。二者之间有着很大的区别,具体如下。

- 具有法定性。
- 根据法律的直接规定产生的。
- 依据特定法律事实的发生而成立。

- 具有任意性。
- 由双方当事人的法律行为引起。
- 依据双方当事人的意思表示一致而成立。

（2）单一之债和多数人之债

单一之债，是指债的双方主体都仅为一人；顾名思义，多数人之债是指债的一方或双方主体为两人，或两人之上。通常来讲，前者当事人之间的权利、义务比较简单明了，后者则复杂得多。

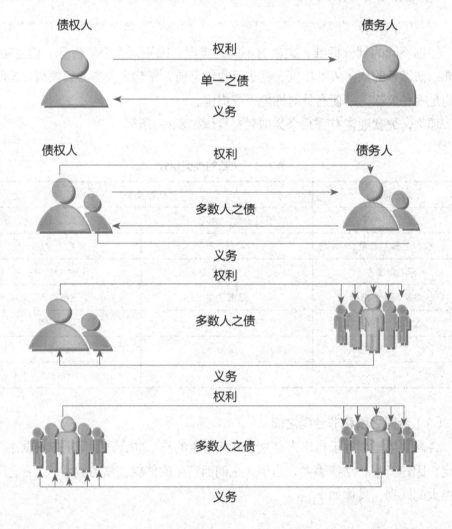

（3）特定物之债和种类物之债

特定物之债发生时，其标的物已存在并已经特定化；而种类物之债在债发生时，其标的物尚未特定化，甚至尚不存在，只是建立在双方或多方当事人就标的物的种类、数量、质量、规格、型号等达成的某种协议。

特定物之债的履行
- 债务履行之前，债务人不得以其他标的物替代（标的物在债务履行前已经消失除外）。
- 标的物所有权自成立时发生转移，同时所附带的风险也随之转移。

种类物之债的履行
- 债务履行之前，债务人可以以其他标的物替代。
- 标的物所有权自交付之时发生转移，同时所附带的风险也随之转移。

（4）简单之债和选择之债

简单之债，又称之为不可选择之债，是指债的标的是单一的，当事人只能以约定的标的履行，没有其他选择余地；选择之债是相对于不可选择之债而言的，是指债的标的为两项以上，当事人可从其中选择一项履行权利和义务。

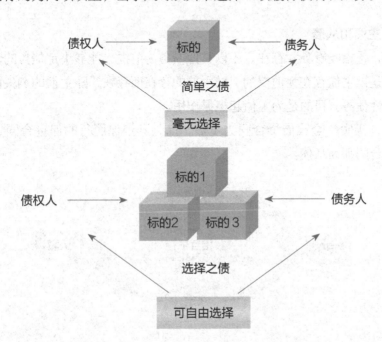

(5) 按份之债和连带之债

按份之债，是指债的任一方主体为多数人，债权人、债务人各自按照一定的份额享有权利或承担义务。各债权人、债务人也只能就自己享有的份额请求履行和接受履行，无权要求其他享受，或清偿全部债务。同时，债权人或债务人，享受或承担份额的义务后，与其他人均不发生任何权利和义务关系。

连带之债，是指债的任一方主体为多数人，当事人之间有连带关系。债权人一方为多数人且有连带关系的，为连带债权；若债务人一方为多数且有连带关系，则为连带之债。在连带之债中，享有权利的每个债权人都有权要求债务人履行义务，负有连带义务的每个债务人都负有偿清全部债务的义务；履行了债务的连带债务人，有权要求其他连带债务人偿付其应当承担的份额。按份之债和连带之债的异同如表2-2所列。

表2-2 按份之债和连带之债的异同

相同点	不同点
（1）债的主体为多数人（两人或两人以上）。 （2）均针对债权人、债务人双方而言，债权人享有等额或不等额的权利，债务人负有等额或不等额的义务	（1）按份之债各债权人、债务人之间的权利和义务相互独立、互不影响，也不影响合同的执行。 （2）连带之债债权人、债务人之间的权利和义务负有连带责任，任何一个债权人都有权要求债务人偿付其应当承担的份额

(6) 主债和从债

主债，是指能够独立存在、不以其他债务为前提、能够决定债务的命运的债务；从债是以主债存在为前提的，随主债的存在而存在，随主债的消失而消失的一种辅助性债务，目的是为主债起担保作用。

例如，买卖、金钱借贷合同为主债，而为其担保履行的保证合同、抵押合同、质押合同则为从债。

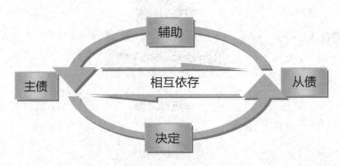

（7）财物之债和劳务之债

财物之债是指债务人应以交付一定财物而履行的债务，劳务之债是指债务人需以提供一定劳务而履行的债务。区分财物之债和劳务之债的意义在于，财物之债一般可由第三人代替履行，也可强制履行，而劳务之债因其人身属性，不得代替和强制执行，如表2-3所列。

表2-3 财物之债和劳务之债的区别

财物之债	劳务之债
涉及财物所有权的转移	涉及财物使用收益权的转移
转移的财物可以是现货，也可以是期货	转移的财物只能是现货
债务的履行可由第三人代替	债务的履行不能由第三人代替，除法律另有规定或当事人另有约定外
拒不履行时，债权人可以强制债务人执行	拒不履行时，债权人不能强制债务人执行，只能请求债务人赔偿损害

技巧 ⑨ 提高对欠款的管理

> 对欠款进行日常管理，是高效催收欠款的前提，也是保证欠款安全性、降低欠款风险的必要条件。因此，销售人员对欠款进行管理是很有必要的。

要想高效地收回欠款，销售人员需要对自己所负责的欠款进行管理。平时疏于管理，既不对应收账款进行分析、梳理和管控，也不建立相应的风险控制预案，只想着到期限就去催收，结果很可能会拿不到货款，尤其是遇到突发问题时局面会很难控制，难以应对。

因此，要保证欠款能够及时、有效地回收，销售人员必须注重日常管理，并将回款当成一种任务去完成。欠款日常管理工作的内容包括3个方面，如下图所示。

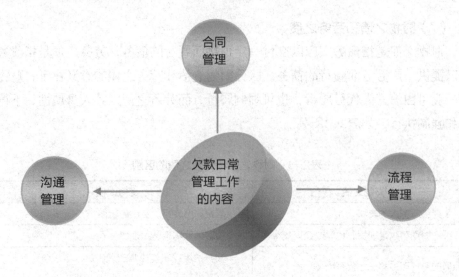

（1）沟通管理：保持与欠款客户的必要沟通

催款是个循序渐进的过程，需要时时刻刻进行，切不可临阵抱佛脚，临近合同日期才匆忙做决定，这样的催款往往是无效的。所以，销售人员要保持与欠款一方经常性的沟通，将相关信息逐步地传递给对方。

需要向欠款方传递的信息如下图所示。

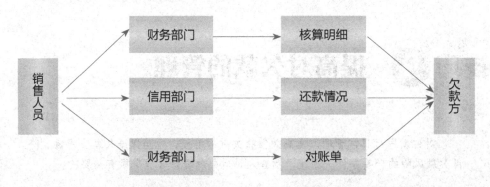

1）将企业财务部门进行的核算明细，包括赊销金额、账龄及增减变动情况定期反馈给欠款方。

2）将企业信用部门提供的定期还款情况，包括账款回收期、账龄结构、逾期账款率、坏账率等指标，以及结果传递给欠款方。

3）将企业财务部门的对账单反馈给欠款方，值得注意的是，对账单应由双方供销当事人和财务人员确认无误并签章，作为有效的对账依据，如发生差错应及时处理。

（2）合同管理：对债务合同分类归档

对于每一笔赊销业务，企业都会与欠款方签订合同，销售人员作为合同的直接参与者之一，同样需要重视起这一环节。销售人员要有管理合同的意识，在企业尽心管理合同的前提下，自己也要进行辅助性的管理，比如，对备份合同进行整理、分类、归档备案等。（有的企业会给销售人员一份，如果没有，自己可保留复印件。）这样做的目的是保证合同能够很好地执行，以及后期的跟踪、监督和预警。

（3）流程管理：严格按照企业的赊销申报制度执行

大部分企业的赊销制度是非常严格的，当需要对客户进行赊销时，销售人员必须先向信用部门申报，得到批准后才可实施。赊销申请流程具体如下。

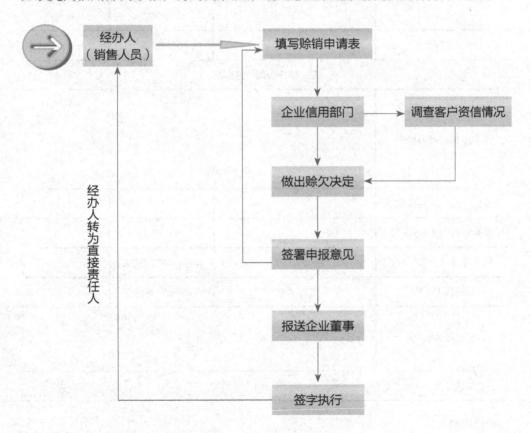

填写赊销申请表时，销售人员需要列明对方的单位名称、地址、开户行及账号等基本内容，还要重点标明要求赊销的金额、赊销期限、有无担保等，如表2-4所列。

表2-4 赊销申请表

一、客户公司基本信息			
单位名称		营业执照号码	
单位地址		公司性质	
开户行		账号	
增值税号			
二、客户公司业务信息			
赊欠额度		赊欠金额	
货物单价		汇款方式	
采购单价		采购数量	
三、客户公司经营情况			
主要经营的产品种类			
主要供应商/每家月采购额			
经营类型/总销售比例（%）			
主要客户群		同行业中市场额度	
公司员工人数		平均月/年营业额	
公司股东情况			
申请人		申请日期	
销售部门意见			
企业董事部门意见			

技巧 ⑩ 加强欠款的外放控制

> 对欠款进行有效控制是减少债务的有效途径,很多企业都有赊销制度,但对谁赊销、赊销的额度多大,往往要听取销售人员的意见。毕竟只有销售人员才是直接接触客户的人,在赊销建议上最有发言权。

在企业赊销的实施中,销售人员发挥着重要作用,因此,对于销售人员个人而言,如何有效地控制赊销,提高欠款的利用率就显得十分重要。

加强对欠款的控制,不仅仅是一个行为,还会涉及意识形态和制度建设等方面的内容。因此,销售人员做好赊销工作需要综合各个方面,全方位入手。具体而言,应当采取下列4条措施。

(1)提高认识——要有控制不良欠款的决心

不良欠款的大量形成,不仅恶化了企业的财务状况,而且会危及企业的生产与长远发展,已逐步成为企业破产最主要的原因。随着我国现代企业制度的建立,尤其是银行商业化运作的逐步到位,这种趋势必将进一步发展。

鉴于这种情况,销售人员要提高对欠款的认识,将企业的整体利益、长远利益放在第一位,必要时可以以失去某个合作伙伴、某笔生意为代价,最终目的就是把不良欠款控制在可接受的范围内。

(2)制定原则——为自己制定明确的行事原则

无论做人还是做事,都需要坚持自己的原则,销售人员从事销售、进行赊销也是一样的道理,必须遵循一定的原则。用原则来规范和约束自己的言行,对赊销设定严格的、明确的条件,对于无法达到条件的坚决不松口。那么,具备什么样条件的客户才能达到赊销的标准呢?

赊销条件常常涉及以下5方面,如下图所示:

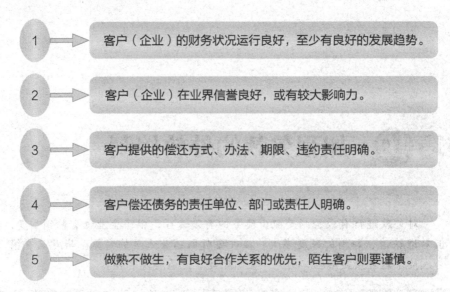

（3）实施全程监控——对债务人全程监控

有欠款不可怕，前提是要对欠款有绝对的控制权。那些被债务缠身的销售人员必定是无法控制欠款客户，或者对欠款客户缺少控制的人。对欠款进行有效控制需要全程监控，从源头和发展过程的不同阶段做起。

因此，对欠款监控可分为两个主要阶段：一是债务产生前；另一个是债务执行过程中。下图是每个阶段需要监督的主要内容。

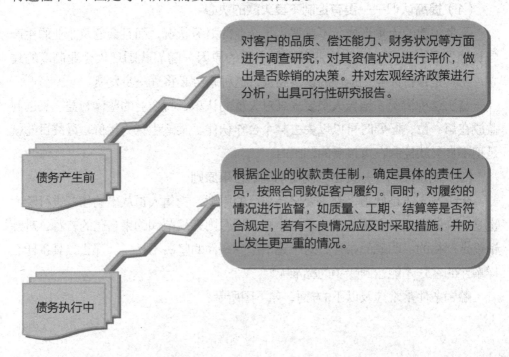

（4）实施专项管理——对每笔欠款设立清收计划

对欠款的回收必须进行专项管理，针对每项欠款制订特定的清收计划。

对可以如期收回的欠款，应根据不同情况，有区别、有重点地开展清欠工作，加强对账，力争尽快回收资金；对那些有一定偿还能力，对归还欠款不重视、不积极，并以种种借口推托不还的，可重点关注，在不破坏合作关系的前提下，采用多种手段积极回收；对无法如期收回，且难度较大的，应加大清欠力度，采取特殊措施，或仲裁，或诉讼；对多年未能收回的坏账，可配合企业采取特殊措施，如以物抵债、债权转移或直接兼并等。

技巧 11　制订合理的催款计划

> 推销商品有推销计划，拜访客户有拜访计划，催收账款也一样，需要有催款计划。催款作为一项需要付出很多时间和精力的重要工作，只有制订一套周密的计划才能更加高效地达到目的。

做任何事都离不开计划，对于催款，销售人员同样需要事先进行周密的、合理的、详细的计划安排，然后按照预定的计划一步一步地实现目标，否则，只能半途而废，甚至前功尽弃。

催款计划的制订要建立在合同的基础上，根据合同签订的日期、欠款的轻重缓急进行安排。一般来讲，一份完整的催款计划包括表2-5所列的内容。

表2-5　催款计划模板

合同序号	合同编号	合同签订日期	首付款额			货到付款额			质保金			备注
			金额	收款日期	进账情况	金额	收款日期	进账情况	金额	收款日期	进账情况	

虽然催款计划的组成部分比较明确，但还应注意另一个问题：即使是按照合同的先后顺序制订出来的计划，也未必可以按部就班地执行。因此，制订计划时还应考虑特殊情况。那么，销售人员如何来制订催款计划呢？可以从以下4个方面入手。

① 了解催款任务的轻重缓急

任何事情都有一个轻重缓急的问题，这也是制订工作计划的基础，无论有多少应收款项目，销售人员都需要对催款任务做到心中有数。

② 合同期限不一定是催款期限

虽然合同上会明确规定款项的起止时间，但这些时间只是表明该款项的最后交付标准。至于何时该向对方催款则要灵活把握，可以根据欠款单位以往还款的具体表现而定。在开始与截止期间，均可以持续不断地催款。

③ 先易后难，统筹安排

先落实容易回款的单位，再慢慢对付"难啃的骨头"，有助于销售人员提高信心，也使催款工作不至于陷入一片混乱，而且还有利于回款的工作目标高效实现。因此，销售人员必须学会统筹安排，把有效的时间花到最关键的工作上去。

④ 写好备注

备注事项可以使工作更加条理化、清晰化，为以后的工作提供经验。每一项工作都不要好高骛远，集中精力完成眼前的工作，收获自然也会随之而来。

当然了，计划也不能随随便便地制订，很多计划看似完美，但在实际工作中却很难发挥作用。销售人员在制订催款计划时不要盲目地照搬条条框框，应通过理性的思维分析一番，在兼顾内容的同时坚持原则。常用的原则如下。

原则1——全面考虑的原则

销售人员在进行催款规划之前，首先要对整套催款计划进行全面考虑，以便对接下来的工作做到心中有数，然后再去考虑更细节的东西，这样才能保证在具体的催款过程中有的放矢。

原则2——目标至上的原则

有了目标，人就有了前进的动力。制订计划就是为了目标能更好地达成，因此，在制订计划时不要瞻前顾后，无论遇到什么情况，都要努力克服，直到将欠款收回。久而久之，你的业绩将不再只是一个数据，而是事实。

原则3——统筹兼顾的原则

催款虽然是以自身利益为出发点，但这并不意味着不顾客户的利益，毕竟销售人员的未来发展要靠客户做支撑。所以在制订计划时一定要兼顾客户的利益，切实了解欠款客户的实际情况，合理调整自己的催款目标。比如，对于那些欠款数额较大、拖欠时间不长的客户可适当放宽还款条件。

原则4——灵活性原则

催款的最终目的是要将欠款全部追缴回来，以实际收回的货款数目来表现自己的销售业绩。但如果暂时无法实现这个目标，也不必钻牛角尖，正所谓"法有定论，兵无常形"，在向客户催收账款时也要灵活些。比如，对于大额欠款，客户很难做到一次性偿还，这时可将大额欠款转化为小额，允许客户分期支付，这往往比一下子还清所有欠款更容易做到，说不定客户还会感激你，与你的业务往来更加紧密。

技巧12　制订明确的催款目标

> 科学合理的催款目标，是催款工作得以实施的前提，销售人员在接受一项催款任务之后，首先要清楚这项工作的实际情况，并进行大量调查、分析验证，从而规划出一个更容易达成的目标。

催收账款的主要任务是及时清欠货款，为公司缓解资金周转的压力。但在具体实施中，由于主客观因素的限制，这一任务并不是马上就可以完成的。此种情况下，销售人员就应该为每次催款制订出一个明确的目标，比如，先明白总目标是什么，再围绕总目标制订出可实现的小目标，具体划分情况如下图所示。

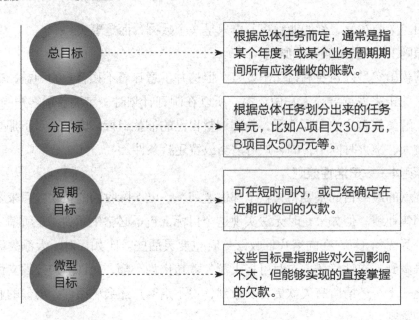

为了使目标更切合实际，更有利于实现，在划分催收账款目标之前需要做足准备工作。销售人员可以从以下5个方面做起：

① 资料准备和信息调查

主要工作就是准备尽可能详细和充分的资料，以便制订科学合理的催款目标。

② 信息分析和催款目标的初步规划

主要工作是对所拥有的信息和资料进行科学分析，并且根据分析结果初步理清工作脉络，规划具体的工作目标。

③ 确定初步目标

主要工作是将事先的规划内容进行调整和整合，最终确定一个较为合理的催款目标

④ 预估目标执行过程中可能遇到的困难

主要工作是事先预设出在催款过程中可能出现的突发状况或困难，根据资料做好应对困难的措施，以回收账款为最终目标。

⑤ 对目标进行总结

对催款各个环节进行总结，尤其对期间遇到的各种阻碍，更需要总结教训，找到目标制订和执行过程中的种种失误。积累经验，期许下次制订目标时能更科学、更合理。

在这里，尤其要强调销售人员在做上述几个阶段的工作时，催款目标要根据客观情况而定，必须结合应收账款的实际状况，充分考虑债务人的主客观因素，

切不可规行矩步。一旦确定了科学的催款目标，销售人员就要坚决执行，否则制订的目标便是纸上谈兵。

技巧 13 对欠款账龄进行划分

> 欠款账龄，严格意义上称为应收账款账龄，是指从产生应收账款之日起，至完全清偿债务所经历的时间。对账款账龄进行分析，主要目的是根据客户赊欠账款的时间长短，按轻重缓急进行排列，以提高收款效率，避免呆、死账的产生。

由于要应付很多欠款客户，销售人员必须要学会对欠款客户进行分类，并整理好相应的催款顺序，明确哪些客户的欠款需要紧急处理，哪些客户的欠款可留待稍后进行。一般来说，拖欠时间越长，催收难度就越大，所需的收账成本也越高，形成呆、死账的可能性也越大。因此，销售人员要经常进行账龄分析，据此采取有重点、有目标的催款策略。

那么，销售人员该如何对账龄进行分析呢？

（1）对客户进行分类

分析账龄需要先对其进行分类，分类的标准通常是按欠款期限的长短进行。可将欠款客户分为低账龄、中账龄和高账龄3种类型。销售人员要根据欠款客户的不同类型、不同账龄的特点采取相应的收款策略，如表2-6所列。

表2-6 客户账龄分析表

客户类型	账龄长短	应对策略
低账龄客户	60天内	（1）及时追账。不要因为超出应收账款的期限不长而拖延催款，毕竟欠款的时间越短越容易收回；否则，就会把原本容易收回的账款变成难收账款。 （2）维护关系。针对此类客户，要尽可能地维护好双方合作关系，追收账款的同时尽量避免"撕破脸皮"

续表

客户类型	账龄长短	应对策略
中账龄客户	60~120天 或者 60~180天内	主动出击，多种方式并用。针对此类客户，一定要多方位出击，尽可能地把账款控制在一定时期之内；否则越拖越容易造成呆、死账等风险
高账龄客户	180天以上 或者 1年以上	加大攻势，绝不姑息。对于高账龄客户，绝不要轻易姑息，必须加紧催收力度。因为高账龄客户已经给企业内部造成了账款风险，还会给其他账龄客户提供反面典型

（2）建立应收账款账龄分析表

销售人员加强账龄管理，需定期编制"应收账款账龄分析表"。此表能够直观地反映各个时期账款产生的情况，比如，有多少账处在信用期间，有多少账超过信用期间，有多少超龄应收账款需要采取积极的行动加紧催收。

同时，还要对应收账款账龄的结构进行详细分析，把过期债权款项纳入重点，调整并研究新的对策，努力提高应收账款的收现效率。同时对尚未到期的应收账款，也要加强监管，以防止发生新的拖欠。如表2-7所列。

表2-7 应收账款账龄分析表

客户名称	应收账款	账龄情况			信用等级	授信额度	授信期限	回款日期	财务分析
		60天内	60~180天	180天以上					

为了充分发挥账龄分析的重大作用，销售人员在进行账龄分析的过程中必须注意以下3点：

① 实行账龄双重分析。既分析账龄又分析账龄中的逾龄，为企业提供更全面、更有用的信息。

② 明确账龄认定标准。账龄认定只能有一个标准，而且这个标准必须经过科学论证。

③ 保持严肃而端正的态度。对应收账款的账龄分析必须端正态度，避免账龄分析的随意性，切不可使作用重大的账龄分析结果成为信息披露的盲点。

技巧 14　了解账款回收的具体时限

> 对于自己所负责的每一笔业务，销售人员都应明确了解其款项回收的具体时限。如果在这方面过于疏忽，很可能会因超出回款时限而给企业造成坏账的风险。

很多销售人员误认为，回款期限不就是合同规定的结款时间嘛。其实，这种认识是非常狭隘的，回收账款的具体时限本身就很复杂，包括的内容也很多。若对此一知半解，不仅会给自己带来日后催款的麻烦，还有可能给企业造成经济上的损失。

要想搞清其中的关系，需要全面、系统地了解。以下几个期限的意义是销售人员必须了解的。

（1）信用期限

账款回收的具体时限没有统一的规定，通常是根据信用期限而定的，那么，什么是信用期限？

信用期限是针对赊销而言的，是客户从购买货物到付款的时间，也是确定欠款期限时间长短的唯一标准。信用期限不能过长也不能过短：过长，会加大成本和货款收不回来的风险；过短，又不足以引起客户的购买欲望，形成不了有力的竞争。

信用期限的确定，实际上就是对信用期所增加的收益和所增加的成本所进行的分析比较。这需要在赊销增加的盈利和发生的成本之间做权衡，只有当赊销所增加的盈利超过所增加的成本时，才能实施赊销策略。如果对比后表明有良好的盈利前景，便可以扩大赊销。

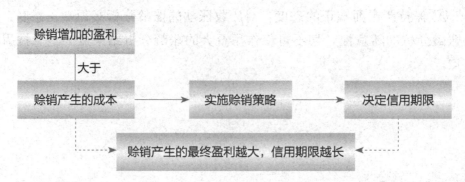

(2) 应付款期限

应付款期限通常是指合同内规定的客户应该支付货款的具体时限，而且这个时限也是因人而异的。比如，可以规定货到付款，或货到之后的3个月之内付款。

(3) 逾期期限

逾期期限是指应收账款在合同有效期内未收回，而补充增加的期限，也就是说，在超出合同规定的还款时限之后，就进入了逾期期限，一般规定3个月或更长。需要注意的是，这个期限越长，回款的概率越小，因此，销售人员要尽量缩短逾期期限。

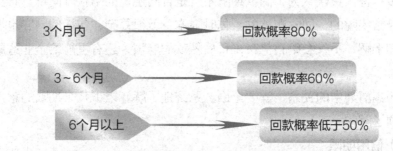

另外，为了增加回款的多样性，尤其是对长期合作的客户，可根据约定的回款时限，及企业内部、客户货款来往的规律不同，采取定期或不定期的方式展开催收账款。

① 定期回收货款。即销售人员在固定日期向客户收取货款，如每月的月初或月末等。

② 不定期回收货款。即销售人员在公司规定的货款回收期限内不定期地向客户收取货款。

技巧 15 准确把握客户的付款周期

> 当销售人员催收账款时经常被客户以"不到付款周期"为由回绝,因此,准确掌握客户企业的相关付款周期,并根据实际情况选择最合适的催款时机是很有必要的。

若要准确掌握客户有关付款周期的所有问题,销售人员必须通过认真、深入的调查分析,充分掌握以下相关内容。

(1)什么是付款周期

所谓付款周期,往往是与客户的企业财务结算周期有关,比如,客户企业针对账款往来有严格的时间规定。每半年结算一次,或者每1年结算一次,那么就形成了6个月或1年的付款周期。

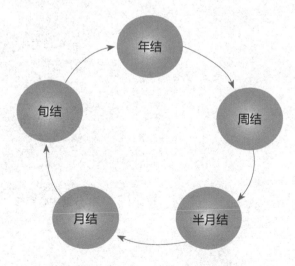

付款周期通常有年结、月结、半月结、旬结、周结等几种。其中,年结和周结都不常用。

（2）积极配合客户工作

如果客户企业确实存在"付款周期"的问题，那就需要对客户的付款周期展开进一步调查。掌握了客户真实的付款周期之后，再根据客户的付款工作进程制订自己的催款计划，配合客户的付款周期展开合适的催款活动。

就大多数企业而言，结账流程通常是这样的：

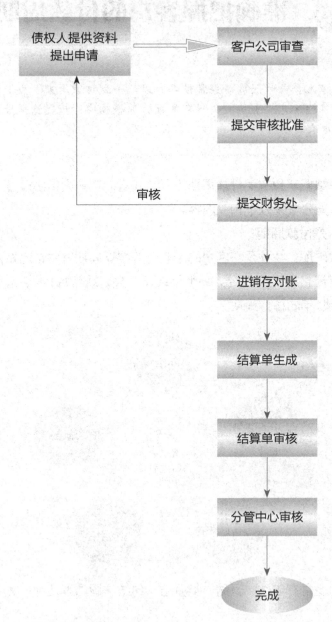

技巧 16　掌握催款的基本流程

> 催款，是一项规范性非常强的工作，在具体的实施过程中，需要严格按照法定流程进行。否则，不仅很难高效收回款项，还有可能给客户留下不好的印象。

如今社会凡事都讲流程，审批讲流程，结算更讲流程，流程管理也自然成了企业管理的核心内容。催款也需要严格地按流程来管理和实施，先做什么，后做什么，都要有明确的规定。

只有严格按照流程做事，才能提高催款效率，那么催款有哪些流程呢？具体如下：

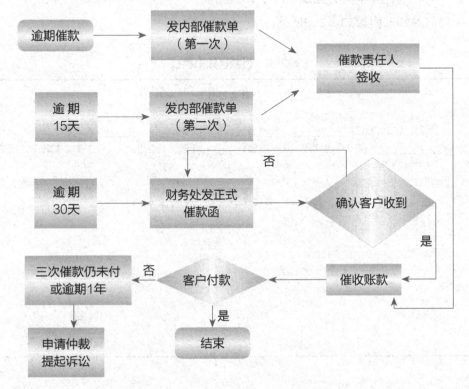

销售人员在按照上述流程进行催款时，还有2个事项需要注意。

（1）准确撰写催款通知书

催款通知书是含有逾期欠款的明细，用以通知客户付款的信函；目前设有三级不同的催款单，这三级催款单分别代表着不同的逾期程度，撰写时在语气上也应有所区别，如表2-8所列。

表2-8　不同催款单类型的撰写要求

催款单类型	逾期时间	撰写口气
一级催款单	逾期15天	缓和的语气，友好提醒
二级催款单	逾期30天	再次提醒，语气较一级催款单严厉；并给出最后付款时间
三级催款单	逾期3个月或更长	严厉的语气，也是给客户的最后一次催款函，更是将来起诉该客户的通知书

在发送催款通知书前（模板详见表6-2），可先发一份付款通知书用以提醒客户按时付款。由于这一步骤通常不列入催款的正规流程中，因此常常被忽略。付款通知书，是指向将到期的欠款客户进行书面通知的一种文书，这种文书是友好提示的表现，并不具有强制性和法律效力。

付款通知书模板如表2-9所列。

表2-9　付款通知书模板

付款通知书
公司： 　　我公司与贵公司签订的_____合同，合同编号为_____，合同总金额为（人民币）¥_____。按照合同规定，现需办理_____（预付款、进度款、到货款、初验款、服务费……）的付款手续。 　　该合同此次支付金额为（人民币）大写_____，小写_____元，已支付（人民币）大写_____，小写_____元，尚需支付余额大写_____，小写_____元。 　　特此通知，谢谢合作！ 　　开户名称： 　　开户行： 　　账　号： 　　　　　　　　　　　　　　　　　　　　　　　　　　　　联系人：（公司盖章） 　　　　　　　　　　　　　　　　　　　　　　　　　　　　日　期：×年×月×日

（2）随填写催款状态登记表

这份登记表包括了催款时间、催款次数、客户承诺日期、超期原因等信息，是用以记录每笔逾期欠款的催款状态，提供给信用部门或相关人员的。当催款不得已进入诉讼阶段时，将催款状态登记表递交事业部确认，并将确认回执同诉讼申请一并提交法务部备案。催款状态登记表如2-10所列。

表2-10　催款状态登记表

欠款合同号				地址			
欠款单位名称				联系方式			
欠款品种		欠款期限		逾期期限		欠款金额	
催收日期	违约天数	催收方式	催收结果	拖欠本息	催收人	负责人签字	

技巧 17　对应收账款进行跟踪分析

> 应收账款一旦形成，销售人员就应该开始考虑如何按期、足额地收回，以保证企业利益不受影响。要想使催款工作能够顺利完成，有一项工作不能忽略，即对应收账款的运行状态进行追踪分析。

只有及时对应收账款进行追踪分析，才能使欠款的管理做到防患于未然。

（1）定期进行应收账款对账

应收账款的对账工作通常包括两个方面：一是总账与明细账的核对，二是明细账与相关客户单位往来账的核对。

在实际工作中，经常会出现本单位明细账与客户单位往来余额对不上的现象，此时，销售人员必须配合财务部门做好对账工作，并定期向欠款客户寄送对账单，如表2-11所列。对账单要由双方当事人、财务人员确认无误并盖章加以确认。

表2-11　企业对账单模板

×××企业对账单						
客户单位名称：_____ 截至×年×月×日，贵公司共计欠我公司货款大写_____，小写_____元。 具体明细如下：						
产品名称	规格	价格	数量	金额	供货日期	票号
请贵单位予以核实，并盖章予以确认。 ××企业（盖章） ×年×月×日						

在对账工作过程中，企业相关部门或者销售人员应在日常工作中设立统计台账，以便对客户产品的发出、开票情况进行登记，并采用银行对账单的形式与客户对账，由对方确认，为及时清收应收账款做好前提工作。

（2）加强对应收账款的监督

应收账款发生的时间有长有短，有的刚刚发生，有的已经超过规定期限，特别是应收账款较多的，时间一长几乎没有回收的可能性，不仅对企业造成重大损失，还会给自身带来不良的影响。因此，销售人员应随时监督，以做到心中有数。再者几乎所有的企业都有一套完整的账款催收监督制度和体系，销售人员需要做的就是，根据企业已有的各种规章制度进行追踪，提高未来应收账款的变现能力和变现速度。

（3）成立专门的账款清收小组和部门

客户延期付款的理由是多种多样的，有些可能是因为一时的资金紧张，有些则可能是恶意拖欠，这时应注意分清客户欠款的实际原因，对于无法避免已产生的应收账款，应成立由原款项经办人、部门领导及单位负责人组成的账款清收小组。

第三章

知己知彼，催款前打一场情报战

如何使客户在付款期内准时付款，是催收工作的最主要目的。然而，大多数欠款客户都不想如期还款，针对这样的客户只能打一场情报战，了解他们为什么无法及时还款，知己知彼百战百胜，这是进一步采取相应措施的基础。

技巧 18　掌握客户的基本信息

> 客户信用是客户按时还款的基础，信用度越高，按时还款的可能性越大。为了对客户的信用度有个准确的了解，在赊销之前需要对其进行仔细的调查，以掌握客户的信用程度。

搜集客户信用资料是销售人员在与其进行交易前的首要工作，也是基础。与没有信用的客户做交易，结果可想而知。那么，客户信用资料包括哪些内容，应该从哪些方面下手呢？一般体现在以下6个方面。

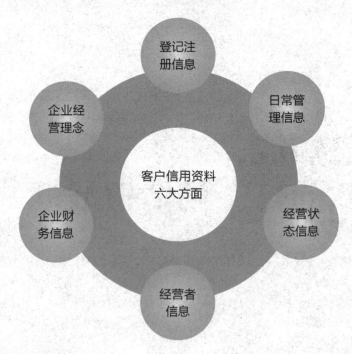

（1）登记注册信息

登记注册信息是一个企业存在的必要条件，通常包括企业注册的基本情况、经营范围、机构设立、对外投资等情况，了解这方面信息是为了确认此企业的存在是否合法，具体如下图所示。

注册的基本情况	企业名称、注册地址、法定代表人、注册资金、注册期限、经营范围以及营业执照编号。
经营范围	企业产品的数量和种类，主要产品和附加产品，以及市场情况、盈利能力等。
机构设立情况	总部以及所设立的分支机构名称、负责人、经营地址、投资数额、经营范围等。
对外投资情况	企业作为股东投资其他企业、项目的情况，尤其是投资额度、投资比例等信息。

（2）日常管理信息

日常管理信息由企业年检情况、审计情况等组成。主要包括经工商行政管理机关审核的年度检验报告书、企业年检审核结果；经法定部门审计的企业年度审计情况及审计意见。目前，我国相关部门向社会公开的内容只限于企业年检审核结果及企业年度审计意见。对这方面信息的调查，是了解客户企业的盈亏能力以及营业执照是否仍在有效期内。

（3）经营状态信息

企业的经营状态能够从侧面反映出该客户未来的信用变化趋势，对经营状态的调查主要包括：目前的营业状况、产品的产销能力、营业额的大致范围、付款能力及态度等。

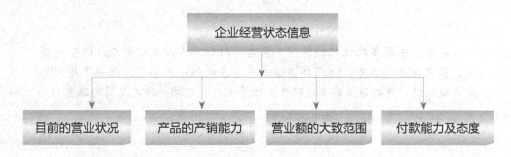

（4）经营者信息

经营者信息通常是指企业的法定代表人，包括其个人基本情况，姓名、住址、身份证号码等；在企业中的职务，资历、相应的社会经历，入股时间，数额、所占比例等，看其个人是否有能力将企业经营规模壮大。

（5）企业财务信息

从财务角度调查了解客户的信用情况是最可靠的，但难度也是最大的，大多数企业不会向外透露自己的财务信息。但有些项目还是比较容易了解的，比如，该客户以往的付款情况，是否有不良记录等。

（6）企业经营理念

经营理念从本质上反映一个企业的发展前景，而通过企业的经营理念、企业文化、价值观等可以了解他们的信用情况。全面了解一个企业的经营理念，可从以下几个方面去归纳总结。

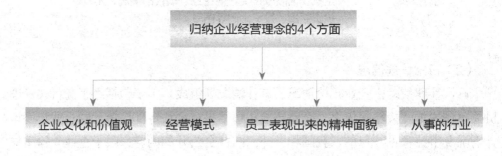

技巧 19 约定时间，亲自拜访

> 电话、手机等现代化的通信工具大大拉近了人与人日常来往的空间距离。但在催款工作中，上门拜访仍是不可或缺的一种形式。这并不是因为有关钱、财、物的事情有多么特殊，而是人与人之间一种最起码的尊重。

对欠款客户进行定期拜访，有利于多项营销活动的顺利开展，诸如完成销售任务、维护客户关系等，同时，对于账款的及时催收也具有重要的意义。因此，销售人员必须重视对客户的拜访工作，约定时间，亲自拜访。

拜访对催款工作的促进作用主要表现在6个方面，具体如下。

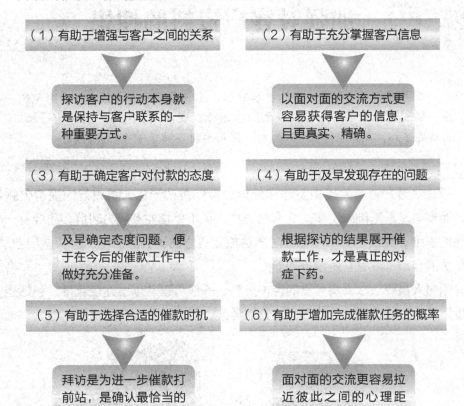

在对客户回访的过程中，为了更好地促进催款任务及时、有效地完成，销售人员还需注意以下问题。

① 尽可能选择合适而固定的探访时机，既不要让客户感到厌烦，也不要令客户感到慌乱。

② 不要轻易破坏探访规律，经常性地破坏探访规律，就如同不定期探访客户一样，会让客户感到你缺乏时间观念。

③ 在对客户进行探访之前必须打电话对客户进行预约，以免客户不在或没有时间，另外也可避免唐突。

技巧 20　加强对客户资料的搜集

> 评价销售人员优秀与否的根本依据，不仅仅是与客户做成了多少笔交易，还要看你能否将全部欠款收回。因此，销售人员对客户必须有全面、正确的了解，在正式接触客户之前，可以通过多种渠道搜集资料。

通过对客户资料的搜集整理和分析，可以帮助销售人员更好地规避欠款风险，而搜集是最基础的工作。优秀的销售人员不单指业务能力超群，还要有一个理性的思维、灵活的头脑，在与客户达成业务之前不会盲目地只想着做出业绩，而是认清客户是否有偿还债务的能力。

销售人员要获取真实可靠的客户资料，一般可以从以下途径获得，包括企业宣传资料、公共信息、行政部门、实地考察、与同行业人员交换等。

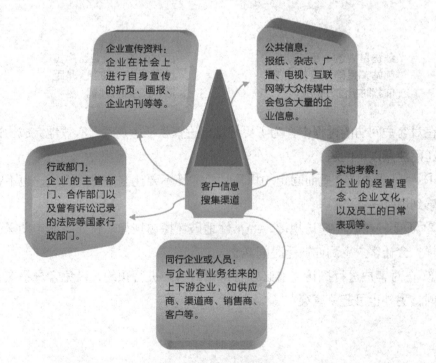

(1) 企业宣传资料

通过对宣传资料的搜集和整理，可以从侧面了解该企业的经营理念、发展历史及经营思路，还可以根据宣传资料制作的精美程度、企业宣传轨迹的变化情况，判断出客户的经营状况，以确定企业的经营业绩、发展轨迹等。

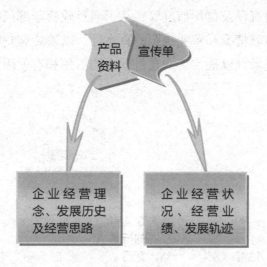

(2) 公共信息

通过现代的媒体了解客户信息，能起到事半功倍的效果，特别是电视、互联网对企业信息报道的及时性是其他方式所不可比拟的。销售人员可以根据自身需要主动地选择所需要的信息。

需要注意的是互联网上的垃圾信息和不实报道也比较多，销售人员在查询客户信息时要学会辨别真伪，不要被虚假消息所蒙蔽。搜集时最好是选择国内知名度较高的网站。

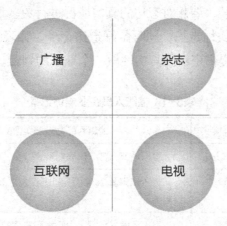

(3) 行政部门

行政部门作为国家的行政管理机关，对客户信息资料的反应和披露存在客观的真实性，有些信息资料通过行政部门进行了解更可靠。

比如，可以从税务部门了解客户是否偷税、漏税、拖欠税款等相关信息，了解客户的经营情况以及信用情况等；从工商行政管理部门可以了解到客户经营场所、历年的审验情况和营业执照的真实性，以确定客户的合法性，从法院了解客户的诉讼记录，以确定客户在付款上的信用和有无因欠款产生的纠纷等不良记录。

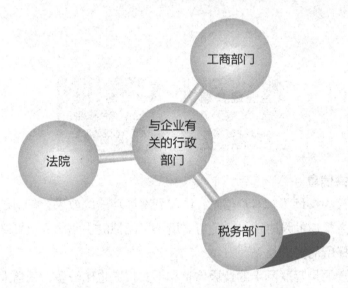

(4) 实地走访

单纯依靠外部搜集的信息也不能完全作为判定一家企业好坏的依据，俗话说"耳听为虚，眼见为实"，要想对客户的真实情况进行更多地了解，还有必要进行一次实地走访。通过实地走访，同时做好走访记录，如表3-1所列。可以对外部获取的资料和客户所提供资料的真实性做一个准确的判断。

表3-1　催账人员企业走访记录

观察客户办公场所的新旧程度	可以对客户的赢利能力做出大致的判断
通过观察库存产品的存货情况	可以估算出客户未来的现金流量
通过与普通工作人员的交流	可以了解其收入状况、工资发放是否及时，从而判断客户的经营情况
通过与高层管理人员的交谈	可以了解其经营管理水平和素质的高低

不过大多数客户出于保守商业秘密的需要，不愿意披露自身的状况，特别是资信状况不良或者陷入财务危机的客户更是如此，如果在实地走访时发现客户对被问及的信息过于敏感和不安，甚至采取推脱的方式拒绝披露或者不允许查看时，销售人员就应当保持警觉了。

（5）同行业或者相关行业的合作方

企业与企业的合作通常都是多方的（也就是说本企业并不是客户的唯一合作方），销售人员可以通过与其他合作方的交流，取得客户付款是否及时等信息。需要注意的是，其他合作方出于竞争目的，有可能故意提供客户资信状况不良的假信息以争取客户资源，因此，销售人员要多从几家合作方了解情况，以求去伪存真。

相对于从同行那里得到的有关信息，不如从其他合作方那里取得的信息更加可靠，因为双方不存在竞争关系，没有造假的动机，很多时候非竞争企业的销售人员所反映出来的问题，或许在不远的将来就是自己企业所要面临的问题。

技巧㉑ 对欠款人进行分类

> 对于不能在合同约定的期限内履行还款义务的客户，销售人员可以根据债务人的不同情况，对其进行分类，以便于根据不同的债务采取不同的方法行使权利。

欠款客户无法按时还款是有很多原因的，比如，有的客户分明在赖账，毫无还款意愿；而有的是因客观原因无法还款，比如，资金确实出现周转困难。对此，销售人员应该搞清楚，哪些客户是不想还款，哪些客户是暂时没有能力还款。

根据还款意愿、还款能力可将欠款人分为4大类：

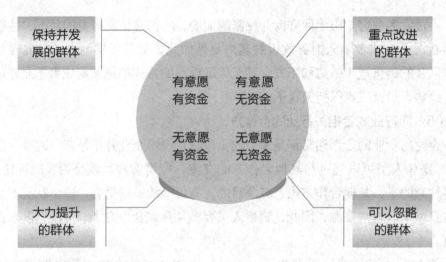

（1）对有意愿有资金的客户

对于此类客户，销售人员应在合同履行期间，或其后的一段期限内，尽快追讨债务，同时，与之达成新的合作协议。

（2）对有意愿无资金的客户

对于此类客户，如能与之达成延期履行协议最好，并按第一类客户方法处理；如无法达成协议，则应在合同约定届满后，适时向债务人送达催收债权文书，给对方施加还款压力。

（3）对无意愿有资金的客户

对于此类客户，可以在合同约定的债务履行期届满内，尽早与之达成书面的债务延期履行协议，并在该协议上约定新的履行期限，在新的协议履行过程中，债务人如果在延期履行期内仍不能履行完毕，那么销售人员就应注意在协议延期所约定的履行期限届满以前，继续与债务人达成新的履行协议，以使诉讼时效不中断而得以重新计算。

（4）对无意愿无资金的客户

对于此类客户，在合同约定的债务履行期届满后的两年内，应事先做好财产保全，再尽早起诉或者申请仲裁，以使债权能够实现。并保存好相应的书面证据，使自己的债权诉讼时效在每次收款（收取实物）的同时不中断，并能重新开始计算新的诉讼时效期限。

技巧 22　分析欠款人的性格类型

> 催款本来就是一个看"脸色"行事的工作，如果销售人员再摸不准客户的性格，对他们不加以区别，一视同仁，采取一样的收款策略，那日后的收款工作将难上加难。

在催款过程中，销售人员要学会识别欠款客户的性格、心理状态，并根据不同的性格、特点制订出有针对性的催款策略。只有这样才能予以各个击破，达到收款的目标。

下面将最常见到的8种客户类型、特点做一归纳，并提出有效的应对策略，如表3-2所列。

表3-2　客户类型详解表

客户类型	特点	应对策略	策略详解
合作型	合作意识强，能够给合作双方带来利益	互惠互利	（1）坦诚以待，使收款在轻松的气氛中进行，有利于双方在互惠互利的基础上达成合作协议。 （2）深挖掘。可在现有的合作基础上继续拓展。以探知对方的态度，弄清对方的意图。即便对方不答应，也仅仅把它当作是一种协商
傲慢型	自以为是，傲慢自大	软硬兼施或顺之，或逆之，或强硬，或温和	（1）多加赞美：多说些赞美感谢的话，从心理上让客户对你认可，以此设法化解其防御。 （2）若即若离：保持若即若离，使其自觉"与众不同"。 （3）询问聆听：多向其请教成功的秘诀，做个好听众。 （4）黑白脸：通过演双簧的方式，由不同的收款人扮演黑脸和白脸的角色

续表

客户类型	特点	应对策略	策略详解
虚荣型	爱慕虚荣，喜欢表现自己，对别人的评价非常敏感	重视他的存在，显示他的权威和地位	（1）投其所好。选择对方熟悉的话题，满足对方的喜好，给对方提供表现自我的机会。 （2）给足面子，多加赞美。此类人非常在意自己的面子，希望能够获得别人的尊重，因此，在有人的场合对其欠债的事情尽量从侧面提出，避免发生激烈的冲突。 （3）有效制约。虚荣型的人最大缺点就是浮夸，因此，收款人应该有戒心，不要被其夸夸其谈的作风唬住，在催债谈话中要保持冷静，最好以企业名义用书面的形式订立还款协议，利用其爱面子的特点迫使其付款
固执型	坚守自己的观点，很难做出改变和妥协	树立榜样，逐步诱导	（1）模范效应。虽然固执型的人对自己的观点都持一种坚持到底的精神，但是这并不意味着这种观点不能改变，只是难以改变，必须通过事实来让其放弃原来的想法或者观点。 （2）如收款人可以通过出具已经完成的收款任务或者法院的判决书和调解书等，用事实来说话
计较型	贪小便宜，想尽方法，占尽便宜	坚持原则，灵活多变	（1）对于这类客户，一方面，要坚持原则，以和蔼的语气、坚决的态度，向其解释遵照交易条件付款可以得到长期利益。另一方面，要灵活多变，能满足就满足，如果客户过去的付款信用良好，而且要求占得便宜不大，不妨做个"顺水人情"给对方一个面子，方便以后的合作和顺利结款。 （2）但如果信用不佳，且有前科，不妨"先礼后兵"、"施以高压"，务必设法全数收回，绝对不可姑息养奸，增加日后收款的困扰
犹豫型	犹豫不决，谨慎保守	列举实例，强调信用	对于这种客户，可采用以下3个对策： （1）举实例。诉诸模仿心，举例说明其他客户付款的实情。 （2）展示证据。拿出其他客户已付清货款的现金、支票或本票，向客户展示，让其"看样学样"地付款 （3）强调信用。说明"信用第一"是商场往来的无形价值，坚定其依约付款的信心和决心
感情型	对人友善，富有同情心，和蔼可亲但比较固执，属于比较难说服的一类	以弱制胜，有礼有节	（1）以弱制胜。收款人要在该类客户面前培养一种谦虚的习惯，以弱制胜，多说"软话"、"困难的话"、"谦虚的话"，以此争取感情型客户的同情心来达到回款的目的。 （2）巧妙赞誉。这类客户更加注重人缘，更希望得到收款人的承认和外界的认可，同时也希望收款人要了解自身企业的难处，因此，巧妙地说一些让对方有认同感的赞誉之辞，在感情型债务人面前往往能够起到很好的效果。 （3）有礼有节。保持适当的距离，不要过于亲近，也不要过于反对对方的还款意见，以免使氛围紧张，激怒对方，可能会撕破脸皮，造成难以收拾的局面

续表

客户类型	特点	应对策略	策略详解
圆滑型	诡计多端，爱耍小聪明、小手段	敢于揭穿，不断施加压力，逼迫对方还款	（1）对于这种类型的客户，要及时揭穿其诡计，敦促其停止。采取各种手段使其也不得安宁，不给其留下躲避的机会，以促其主动还款。 （2）如果款项额度较大，可以通过派出多名人员同时施加压力，比如，干扰其正常经营，无法正常开展工作，以促使债务人尽快还款

收款之道贵在有效地洞察客户的心结，看透客户的性格及其心理状态，然后，准确掌握其心理，针对不同的情况，提出有效的应对方法，以打动客户的心。如果能达到这种境界，自然就可以游刃有余、全胜而归。

技巧23 识别欠款人的拖欠借口

> 借口编造得越好，就越能够拖延付款的时间，因此，作为收款人必须要保持警惕，在催款之前，预先做好对付各种借口的准备，收款时灵活应变，根据欠款客户的不同理由采取不同的方法。

每个拒绝还款的客户都有自己的理由，这些理由有些是真实的，有些却是虚假的，虚假的理由就是一种托词，一种借口，其后必有更大的阴谋。作为销售人员，首先就要学会对客户的理由辨明真伪，识别出哪句是事实，哪句是借口。

为了便于销售人员更好地分辨是非，需要对欠款人常用的借口进行分类和解析，债务人常常以四种借口拒绝还款，分别为骗、推、拉、拖。

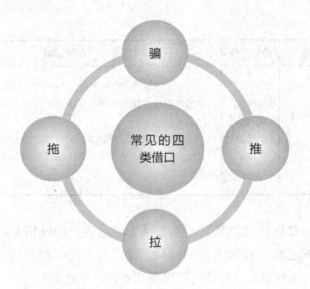

针对债务人的这些伎俩,销售人员收款时可以采取以下相应的对策进行化解,具体示例如下。

> **骗 借口和应对策略**
>
> 1)最近太忙了,再说我也没收到你的对账单。
>
> 分析:欠债的人永远忘不了还钱的事。
>
> 对策:及时对账,把账单亲自送交给客户手中,如果是传真,要在传真上写清"共几页"等字样。
>
> 2)我对你们的产品/服务不满。
>
> 分析:如果产品真的有问题,也不是不付款的理由,而是退货的理由。而且真对产品/服务不满意不应该收款时才提出,应在一接到产品/服务时就与你们公司联系了。
>
> 对策:首先要确认是否真是自己的产品/服务有问题;其次,把自己的想法告诉对方,揭穿其借口。
>
> 3)支票已经寄出去了。
>
> 分析:这是最常见的借口,也是结算诈骗的惯用手法。
>
> 对策:请他拿出寄支票的复印件来,核对抬头、账号、地址是否有误。联系对方开户行(支票签发行),求证是否已经寄出。如果签发行不配合就更要小心(这可能是一次银行、客户的联手诈骗);联系自己的开户行,确认钱是否收到。

推 借口和应对策略

1）最近手头紧。

分析：客户说这句话时值得反思，很多时候不是钱的问题而是信用问题。

对策：向客户的员工，以及其供应商，了解是否确有其事；真的是手头紧，适当给予延期，并尽可能帮他出谋划策，帮他联系业务，帮他收下线账款，以诚心和服务打动客户。

对信誉不佳，故意以手头紧为借口不付款或经营面临危机的客户，要加紧催收，表明"手头紧"不是客观条件，不是拒绝付款的理由，并要求客户写下分期还款计划。

2）公司还没审批下来。

分析：公司越小越是这个借口。

对策：搞清楚客户的付款程序，由哪些人经手，哪个人审批，最后谁核准；了解到底卡在哪一环，是借口还是事实；如果是借口就应当面揭穿，否则以后每次催款都可能遇到同样的借口。

3）在90天内付清。

分析：如果是大客户，信誉度较高，这个借口很正常，大公司都有自己的付款周期。如果是小客户就要注意了，很有可能与前两种借口如出一辙。

对策：应对的方法是尽可能与关键人物搞好关系，在对方的付款计划中挤上"头班车"，同时充分了解付款需要提供的文件（发票、复印证明等），提前做好准备。

  拉 借口和应对策略

1）你是我们最大的供货商，我不久就会付款的。

分析：这是一种拉关系拖欠货款的借口，每个和欠款人进行供货的都是他们的供货商，都可能是他们"最大的"的供应商，如果相信了欠款人的话，那他们就会一直拖欠下去。

对策：要和欠款人说明白，不论是多大份额的客户都要生存，都要收回欠款，越是大的供应商欠款的压力越大，只要欠款人还款及时，以后还是好的合作伙伴。

2）咱们两家企业合作一直不错，我们不会拖欠下去的。

分析：了解以前是什么时候开始合作的？双方合作后欠款方的回款是否像所说的那样，如果刚开始合作或者在前期的合作就不是很顺利，那就是一种拉关系拖欠货款的借口。

对策：不能当面揭穿，最好也和其称兄道弟，当然要让债务人忘记收款人此行的目的，再对他提出，即使两家企业的关系再好，收款人也是要生存的，这样欠下去毕竟不是办法，既然关系这么好还是赶快支付货款，免得因为这件事情影响两家企业的合作。

拖 借口和应对策略

1）一个月后我有一大笔进账，届时可以还你们的全部货款。

分析：如果你相信他这句话，就又给了他一个月时间编造新的借口。

对策：加紧催收，欠款人既然会收到大的订单，那就说明经营状况还不错，还有能力还款，这时就以他的"矛"攻击他的"盾"，用他的理由来反问他，迫使其尽快结款。

2）我们只能根据发票原件付款。

分析：如果你事先清楚对方的付款程序，那么这个理由是不是借口就很清楚了。

对策：不要反问"你们为什么只能根据原件付款"，你会得到一大堆理由；欲擒故纵，表示"我们提供原件很困难，几乎不可能"，对方会抓住机会大做文章："我们必须根据原件付款，这是财务制度，只要把原件拿出来，我们可以马上付款……"。

抓住对方的破绽，马上确认，"我回去试一下，尽量提供原件，如果原件拿出来，您可要马上付款呀"。问对方还需要什么手续，免得碰到另一个借口；马上把原件送去，请对方兑现诺言。

技巧 24　防止客户布下的讨款陷阱

> 很多事情都要做到思患预防，只有早做防备，才能防患于未然。总有些不良企业或个人，爱玩空手套白狼的游戏，一开始就没打算还款。面对这样的"老赖"，销售人员一定要有一双火眼金睛，尽早识破这些阴谋。

对于那些恶意逃避还款的客户，销售人员要时刻保持警惕，注意观察和分析，用自己的一双慧眼认清他们的丑陋行为，最大限度地降低还款风险。

那么，客户常常会在什么时候设置陷阱呢？通常有如下7个时间段。

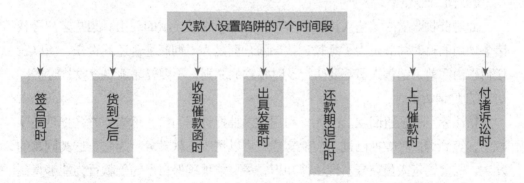

① 签合同时

合同是最容易留下隐患的，那些精明的商人总爱在合同细节上做文章，利用销售人员缺乏经验、疏忽大意等，在签署合同时设下陷阱，日后一旦出现问题将很难更改。

常见的陷阱有模糊接货的具体时间与方式、伪造企业名称或假造负责人身份证明等（具体内容会在第九章详细提到）。为有效防止类似的行为发生，销售人员必须严格把好合同关，免除各种隐患。

② 货到之后

隐患在于货物按照要求到位之后，仍然迟迟不签交货证明及验收单。按照合同约定，销售方一旦拿到交货证明或验收单就要在一定时期之内催收货款，没有交货证明及验收单就无法按时收款。面对这种情况，销售人员需要在公司其他部门及人员的配合下严格控制货物，以免货、款两失。

③ 收到催款函时

隐患在于收到催收账款的函件后迟迟不给予回复。这类行为如同以上行为，销售人员对于此类客户需要通过多种途径进行联系，一旦发现其行踪，立刻把催收函送到客户手上，并要求立刻拿到回复函件。

④ 出具发票时

向销售人员出具无效支票。比如出具没有签名盖章的支票或者支票余额不足等。对此，销售人员必须掌握一定的财务知识，在收到支票时要小心查看，尽量在货款到账以后再开具正式发票，不要被对方蒙混过关。

⑤ 还款日期迫近时

相关负责人在约定的还款日期迫近时故意躲避、甚至搞假失踪。有效防止这类问题发生的关键就是要经常与这些人保持联系，同时销售人员还可以与其周围人保持较好沟通，以便随时找到他们的行踪。

⑥ 上门催款时

面对催收账款的销售人员时，客户百般寻找拖延还款的理由。某些客户寻找诸多理由的目的并非是为了延长还款期限，而是为了彻底逃避还款责任，所以在任何理由面前，销售人员都要坚持及时收款的原则，不要轻易地错过收款时机。

⑦ 付诸诉讼时

钻法律空子逃避回款。比如，利用难以捕捉证据的口头承诺等方式拖延还款时间，等到诉讼时效期已过，欠款客户就可以摆脱还款义务。为防止这类问题的发生，需要销售人员充分掌握法律知识，尽可能地确保自己的催款行为能够得到法律的保护。

只有准确地识别某些不良客户故意逃避回款的行为，销售人员才可以在实际催款过程中应对自如，达到有效预防回款风险的目的。

技巧 25　提前准备一套得体的话术

> 第一次上门，第一次打电话催款，谈什么，如何谈很重要，话说得好不好将决定着接下来整个追讨基调。很多销售人员在业务上可以依靠自己良好的话术来影响客户，消除陌生感。但在催款时却无法巧舌如簧，应付自如，这都源于缺乏一套娴熟的话术。

娴熟的话术来源于提前准备，正如推销产品时的谈判话术，很多时候需要先准备一番。同样催款也需要准备一套完整的话术，以便见面后不会因紧张，或因突如其来的变故而受影响。那么销售人员该如何设计催款话术呢？可以按照以下6个思路进行：

⇒ **思路一：开头坚决避免直接要钱**
生意上，很多人都不愿意直接谈钱的事，因此尽管你的目的是要钱，但最好也不要直接开口。所以，在第一次上门催款，或打第一个催收电话时，千万不要问客户什么时候能还？一定要求客户马上、立即还款，"马上、立即"是一种态度。

⇒ **思路二：以专业的口吻应答**
在与客户交谈时，请充分显示自己的专业性，因为我们是基于工作上的原因与客户交谈。而不是闲聊，或日常拜访，所以每句话必须以专业的语气与客户交谈，这样客户将会以更认真、更严谨的态度去对待你提出的要求。

如一位银行销售人员对客户是这样说的，"张总，您那儿什么情况？昨天不是跟您说了吗，昨天下班之前让您把贷款还上，我今天问了一下财务，您那五万块钱怎么还没还来，您已经算逾期了，中午12点之前还得麻烦您赶紧把钱还上。"

这位销售人员语气、态度都很认真，专业之余表明很重视这件事，要求客户今天马上还款，如果客户今天能还自然就会还了，如果无法按时还也自然会讲明原因。

> **思路三：掌握整个谈话局面**
> 刚才我们提到谈话开头最好不要直接要钱，但在进入正题之后则恰恰相反，要马上切中重点，不要在谈话中迷失了。在你与客户谈话的过程中，要引导对方谈话内容保持在还款这个主题上，避免谈话离题太远，或是对方有意岔开话题。否则，谈话多是事倍功半，无法顺利达到想要的目的。

> **思路四：适时给对方以适当的回应**
> 对于客户提出的问题或意见，要给予适当的回应，如果你一直毫无顾忌地强调自己的观点，或者只是沉默以对，你的客户可能会认为你并不在乎有没有回收或是何时回收这笔账款。

如"是的、我了解、好的、我很感谢您、如果您"等回应，将会让客户清楚地知道你对于回收这笔账款的决心。

张：孙经理，我这边手上确实没钱，我也是咱们的老客户了，我，您还不相信吗，我那客户只要把钱还了我，我第一时间就把钱还上，但我现在确实拿不出那么多钱。

孙：张经理，我不是不相信您，咱们合作这么多年了，您是我们公司信用良好的客户，您的为人我也知道。您要是不讲诚信，生意也不会做这么大（明着是在夸客户，实质上也在向客户说明，一旦逾期对其声誉会造成的影响）。我这是提醒您，我们目前和银行是联网的，现在国家对信用体系建设越来越重视，如果您留下不良的信用记录，以后买房、买车和其他方面都会受到影响。

> **思路五：请真心诚意地对待你的客户**
> 如实地说出心中想表达的话语。通过电话的效果，如果你有任何不诚实或是不真诚，在电话中听起来都会显得特别明显。
> 还是那句话，不要质疑客户，假定客户实在暂时无法还款，你让他卖东西或拿东西抵债一般也不现实。接下来该怎么办呢？重点是给对方提出好的还款建议或意见，如分期付款、筹资还款等等。

> **思路六：在结束对话时留给对方一个好印象**
> 无论谈话是否达到了预期目标，在结束前都必须表示对客户的感谢和支持，并且明确告诉对方：非常谢谢对方在这件事情上给予协助。请切记，无论客户能否马上还款，作为销售人员都必须以诚相待，杀鸡取卵式的催讨是不可取的。

以上六条是首次催款时应遵循的一般思路，当然，在具体实践中并不需要严格按照上述一条条地对号入座。因为有些思路是必选项，有些思路则是可选项，需要根据具体情况而定。

第四章

善于沟通，
先搞好关系后催款

与欠款客户保持良好的关系是催款的基础，搞好关系的最基本方法是与对方经常保持联系，常沟通，或电话联系，或直接见面，或电子邮件、视频等。目的是建立一种良好的关系，这种关系能够使催款工作更加顺利。

技巧 26　初次交涉避免逼得太紧

> 初次去收款，不要逼对方太紧，并不一定采取居高临下的姿态才能达到目的。有时候，低姿态、适当示弱不仅可以引起客户的认可，某种程度上也可以获得他们的同情。

通过"情感法"增加客户的"背负"心理，可以有效地促进催款。这是一种心理战术，销售人员在与欠款客户沟通时要有意无意地使用情感法，以最大限度地唤起客户的主动还款之心。比如，利用日常往来，或做业务的机会，巧妙地提示仍未清欠的账款，或者利用电话、商业信函等方式间接地表明自身工作的想法，以此来提醒客户等。

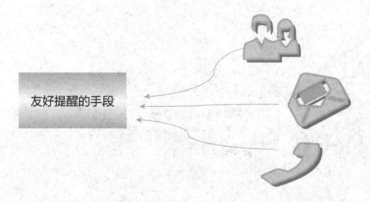

这些沟通方式虽然有些传统，但却不失为有效方式，在提醒客户及时还款的基础上，又能让他们感到轻松，并进一步拉近与你的心理距离。

这一沟通方法，做到既收回欠款又能保持与客户的业务往来。关键在于找到客户"情感的需求"，明确客户的诉求点在哪里。然后，根据这个点适时给以启发和提醒。因为的确有所需求，就会在内心说服自己去接受，只有这样，客户才更容易去接受。

值得注意的是，在具体沟通过程中，销售人员仍需要注意要多掌握些说话技巧，比如，表情、语气以及谈话的侧重点等。总体来讲，可归纳为如下两点。

（1）注意沟通时的技巧

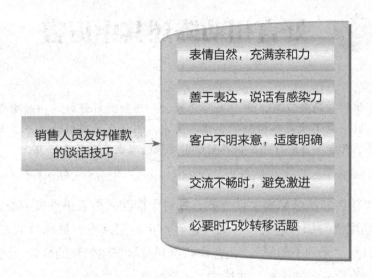

（2）根据欠款客户的类型展开

并不是所有的客户都愿意与你交谈，更不是所有客户都能在这种方式的提醒下及时支付货款。这就需要销售人员根据客户的个性，及其所欠款项的特点进行详尽的分析，进一步选择催款的有效方法。通常来讲，以下六类客户采用这种方法效果不错。

第一类 与公司长期往来，并一直保持友好合作的大客户

第二类 欠款数额不多，拖欠时间不长的老客户

第三类 迫切希望本公司对其进行长期供货的客户

第四类 以往一直按时支付货款，偶尔逾期还款的客户

第五类 资金不紧缺，仅因财务比较繁忙无法按时还款的客户

第六类 已按时支付部分货款，但仍有部分尚未结清的客户

技巧 27　好言相劝陈述其中厉害

> 合作的基础是双赢，当欠款客户意识到还款的好处时，一般都会主动还款，以求得下次能够愉快的合作。因此，销售人员应该让客户了解及时还款对于双方各自的好处，以及对于双方保持长久合作的重要意义。

如果欠款客户能够积极主动还款，那对于催款人员来讲不失为最大的福音，可是能主动配合的却少之又少，如何让客户主动回款呢？最简单的方法就是用"利益"诱导，"无利不起早"，让客户认识到及早归还欠款的好处，比如对按期付款的客户给予一定的支持，或技术、或劳务等。

例如，某纺织厂还不起债务的主要原因是原料价格上扬，产品滞销导致无力还债。催款者陈、王二人不是坐等催款，而是花时间调查了解该厂无力清偿债务的真正原因，待了解到是由于价格偏高和花色品种过时导致产品滞销后，他们给予了该厂技术上的指导，使该厂纺织品花色更新，跟上了时代的潮流，以至订货人纷至沓来，短时期内取得了很好的效益，并且还清了全部欠款。

销售人员要利用好这个方法，前提就是加强与客户之间的沟通，将企业能够提供的各种好处或便利条件，透露给客户。值得注意的是，销售人员在实际运用中要掌握具体的利用方法，既不能让企业利益受到损失，又可让客户觉得确实"有利可图"。通常来讲，可坚持如下两点。

（1）少予多取

少予多取，即少给对方一点利益，以便取得较多的利益。对于不能按期履行债务，或者说由于客观原因，一时造成资金短缺或者生产困难而无法履行债务的。销售人员可把目光放长远一点儿，先给对方一定的帮助，然后再利用给予的帮助获得债款。

（2）短予长取

短予长取，即利用自己的优势资源给予对方一定利益，换取长期利益。比

如，你的企业拥有先进的技术，正好是欠款客户所需求的，这时，对你来讲，技术就是效益，技术就是利润。在这种情况下，就可以利用自己的技术优势去弥补对方的劣势，使债务人迅速地在短时间内获得较大效益，从而尽快向债权人清偿债务。

为了更好地达到沟通效果，销售人员在向客户说明及时回款的种种好处时，还必须掌握几点原则。具体有三个，分别为实事求是原则、着眼于大局原则、友好合作原则。

实事求是的原则	不要试图欺骗客户，一旦让客户发现这一点，你的催款目标就会增加更大的障碍
着眼大局的原则	阐明利益的时候要着眼大局，不要局限于一时的蝇头小利
友好合作的原则	始终让客户感受到你的诚恳与关心，不要轻易地破坏彼此间的友好合作

技巧 28　适度示弱，引起对方同情

> "恻隐之心，人皆有之"，向别人示弱，就是利用了"人性本善"的特点，使对方同情自己。在催收账款中，销售人员也可以适度示弱，引起欠款客户的同情，从而达到收回账款的最终目的。

很多人对催款有个误解，认为在跟对方提还款的时候，态度一定要强硬，最好一次性压住对方的气焰，否则就会被对方压倒，收款变得遥遥无期。其实不然，民间有句话说"欠账的是大爷，要账的是孙子"，虽然一定意义上说明了要账难的问题，但也从侧面说明了在催款时，最好将姿态放低些。催收账款是最终目标，只要能实现这个目标，示弱又何妨呢？因此，销售人员在催收账款的运作

过程中可以见机行事,强的不行就来弱的,引发客户同情。

适度示弱法的运用技巧有以下两个,具体如表4-1所列。

表4-1　适度示弱法的运用技巧

(1)说"软"话	销售人员要学会说"软"话,通过巧妙的话语示人以弱。根据语言示弱的出发点和表达效果的不同,又可分为防守性言语示弱和攻击性言语示弱两种,前者的目的重在保护自己,为自己套上一层软甲,后者是使自己立于不败之地,避免给人可乘之机
(2)做"软"事	这种示弱方式还可以转为具体的行为,从行动上表现自己愿意合作,诚恳谦让。行为示弱主要用在没有原则性利害冲突的人中间,它要求示弱者有谦虚容人的胸怀,不计个人得失。其目的是为了维护双方的合作,使催款工作更顺利

值得注意的是,销售人员在运用这种方法时需要掌握好火候,不可过分强调自己的"软",以防对方以势压人。一定要注意,示弱只是手段,示强才是目的,既要引起客户的同情又不可表现出一副摇尾乞怜的形象,否则,客户的同情态度可能就会转变为轻视,这将有损销售人员个人及企业的尊严和形象。

为了避免出现过度示弱的情况,销售人员在说"软"话、办"软"事时,需要注意如下3点。

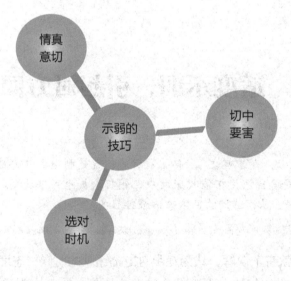

(1)情真意切

销售人员要注意自身神情、态度以及各种身体语言与所表达言辞的一致性,要让欠款客户感觉到你果真面临着十分艰难的处境,而不要使客户感觉到你只是在装腔作势。

（2）切中要害

销售人员说软话，一定要切中这次谈话的要害，尽可能地将还款对于你的重要程度表达出来，让客户在意识到他们拖欠货款的严重性的同时也增强其对支付账款所产生的成就感。

（3）选对时机

示弱要选择有利的时机，不宜早也不宜晚，过早的话就会只能进一步抬高客户对你的期望，甚至可能会得寸进尺。这样就会给他们一种感觉，只要坚持一下就会获得更大让步；过晚的话，又会给对方留下没有诚意的感觉，使自己处于很被动的地位。

技巧 29　对无故拖延不能一味迁就

> 在与客户的沟通中，部分销售人员总是尽一切努力去维护与客户之间的友好关系，以至于失去了底线，危及到企业利益。当客户提出的无理要求已经危及到企业利益时，销售人员就应及时制止，以企业为重。

每个销售人员都知道，与客户的合作关系一旦遭到破坏再想恢复便非常困难，所以，在处理与客户间的关系时，都谨小慎微，生怕破坏了彼此间好不容易建立的合作关系。可是，销售人员又承担着及时收回账款的艰巨任务，当欠款客户面对催款总是不断地拖延和推托时，就必须果断跳出这种"关系枷锁"，因为客户会将你的纵容当成他的筹码，一而再再而三的拖欠账款。所以，销售人员要注意用词得当，不卑不亢，既不与客户撕破脸又要表明收回欠款的决心。总而言之，只有收到实实在在的货款才是唯一道理。

面对欠款客户的一再拖延，销售人员不能一味迁就，因为一味地迁就最终只能陷入更加艰难的处境。

过分迁就欠款客户无故拖延的不利影响

- 无法赢得客户的任何理解，反而使其对欠款感到心安理得，失去还款的紧迫感。
- 当提出合理的催款要求时反而会让他们难以接受，这不利于双方关系的健康发展。
- 使欠款客户感到你对他的拖延无能为力，从而更加得寸进尺，推迟还款。

虽然不能一味迁就，不过我们也必须注意与客户关系的巧妙维护，否则同样会功亏一篑。

在这两难境地之间，销售人员要根据当时的实际情况随机应变。当客户提出自己的拖延要求时，注意观察对方的反应，并以此为依据分析其心理状态。

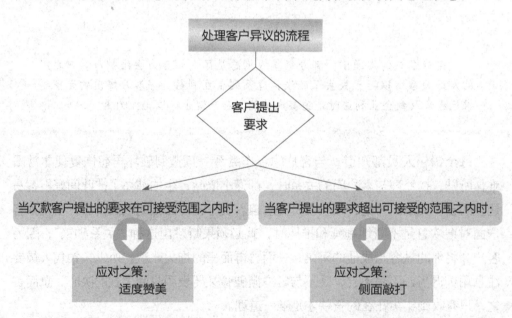

处理客户异议的流程

客户提出要求

当欠款客户提出的要求在可接受范围之内时：
应对之策：适度赞美

当客户提出的要求超出可接受的范围之内时：
应对之策：侧面敲打

值得注意的是，在催款过程中，要始终向客户表明自己也是按章办事，在其位尽其责，让对方多多理解，而不要让客户感觉到你在咄咄逼人，或者与客户提出的理由激烈讨论。

技巧 30 关键时刻要主动"出击"

> 当欠款方以各种理由来拖延还款时,销售人员除了要与之耐心沟通外,还要在关键时刻主动出击,将重点集中到问题的解决上,而不是花大量的时间和精力去调解和周旋。

关键时刻主动出击,往往会收到事半功倍的效果。志在成功的销售人员都必须时刻保持着主动出击的积极心态,只有改变自己的被动等待,主动出击,才能获得成功。然而,如何做好主动出击却不是件容易的事情,通常来讲,需要解决好两个问题:第一,什么时候是关键时刻;第二,如何在关键时刻主动出击。换句话说,就是把握时机,掌握方法。

(1)把握时机

机会,是主动出击得以成功的前提条件,没有合适的机会宁愿等待。催账也是,一定要找准机会下手。

适合主动出击的机会包括:

1)对方欲主动还款,但又犹豫不决时;

2)几经催讨无果;

3)对方已经表露出赖账的迹象。

(2)掌握方法

主动出击,如何才能收到更好的效果呢?这就需要销售人员十分谨慎,具体问题具体对待,建立在对问题的调查和分析的基础之上。

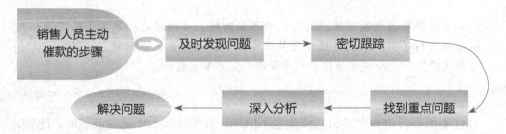

① 及时发现问题

加紧应收账款的催收。对于那些信誉不佳、故意寻找虚假理由拖欠账款的客户和经营管理面临较大危机的欠款客户，销售人员需要时刻关注，加紧催收账款的频率，并且需要加大催款力度，及时发现问题。

② 密切跟踪

集中精力对客户进行密切跟踪，随时了解客户的情况。越是在关键时刻，销售人员越是不能放松对客户的跟踪，有时候一时放松便可能会导致整个催款任务的失败。

例如，每月对商业库存及发货流向进行统计，库存走势快说明销售情况好，库存积压说明下一个环节的渠道堵塞了，应及时向公司报告，查找原因并疏通渠道，保证回款环节不出问题。

③ 找到重点问题

集中力量应对欠款起关键作用的拖延理由。在催款过程中往往会面临许多问题，其中有些问题十分琐碎，对于这些琐碎问题销售人员可暂时放在一边，而对于那些能对催款任务的完成起到更大作用的关键问题一定要深入分析、认真对待。

④ 深入分析，切中要害

不必对客户提出的诸多理由一一进行应对，把时间和精力放到那些起关键作用的拖款理由上，弄清客户最担心什么，然后有针对性地提出，采取有效措施。然后逐一进行击破，这些理由一旦被攻破，客户自然无话可说。

技巧 31　选择有利的时间和地点

> 催款需要根据客观情况进行，在不同时机、不同地点，所采用的方法也必须有所不同。也就是说，催款工作必须因时制宜、因地制宜，保持足够的灵活性，不能一味地按照既定程序一成不变地进行。

任何事情都要讲一个时机，催款也不例外，有些时段是不适合催款的，比如，有人用灰色来评价周一，意思是说刚休息完两天，就要开始面对忙碌的一周，所以心情很灰暗，如果在这个时候销售人员再去要账，结果自然是不言而喻。所以，销售人员要依据具体形势因时制宜、相机行事，才能巧妙地绕过催款障碍，使催款工作顺利完成，也就是说只有在对的时间做对的事，才能大大提高成功的概率。

那么，销售人员在催款时应该选择哪些时间、哪些地点呢？具体如下。

（1）催款时间的选择

催款要选择客户工作比较清闲、精神状态比较好的时候，以天为单位，最好选择周二至周四，而具体时间的话，则是上午10点左右最佳。

然而，要做到因时制宜也并非一件简单的事情，俗话说计划没有变化快，自己的时间尚且无法掌握，何况是客户的时间。因此，销售人员在催账时一定要遵守原则：无论什么时间，都不能打扰客户的工作。

① 若发现客户正忙于工作，请停止喋喋不休。这时，最恰当的做法是，适度地帮助客户完成某些重要工作。他们定会对你有所感激，也许帮助你拿回账款

就是他们表达感激的一种方式。

② 若正赶上客户庆祝某项活动。这的确是一个十分有利的收款时机，但一定不要直接谈款项的事情，更不要有"不给钱就砸场子"的心态。而是在客户忙完所有的事情之后，趁热打铁，找准时机适时地提出来。

③ 若正赶上客户心情不好，或遇到困难时，不宜催款，而是要适时表达同情。但也不要为同情客户而轻易放弃收款，应找准机会巧妙地将催款的想法渗透给客户，同时还要让客户感到自己的处境更难。

（2）催款地点的选择

虽然选择一个恰当的催款时间十分重要，但是，若地点错误那努力也照样白废。正确的时间加正确的地点，可使催款工作更加高效。千万不要小看催款地点的选择，有丰富催款经验的销售人员可能都有过这样的体验：经过多次上门催款始终没有取得进展，可是在另外一个地点却能收到意想不到的结果。

这就是不同场合的不同效果，比如，人们在单位的时候，会不自觉地表现出严肃、认真的态度，而在家的时候，又一下子变得随和、亲切起来。不同的地点有不同的特点，销售人员要把握好因地制宜的精髓所在。通常而言，常见的催款地点主要有以下6个，如表4-2所列。

表4-2 常见的催款地点

客户的办公室	这是大多数销售人员都经常选择的催款场合之一，选择这一地点最大的好处就在于有利于销售人员开门见山地提出催款要求，也有利于坚持公事公办的原则
客户家中	对于故意逃避还款或在办公地点难以达到催款目的的客户，销售人员不妨选择到其家中进行收款，选择这一地点，既可以成功地将客户堵在门内，又可以让客户了解我们坚定的催款信念
客户经常光顾的场所	比如客户习惯去的咖啡厅、茶艺间等比较安静、优雅的场所，由于环境的作用，在这些场所进行催款，双方更容易开诚布公
双方约定的某个特定场合	这往往是双方事先约定好的，通过电话、邮件等方式与欠款客户约定商谈账款事宜的场合，这些场合必须精心选择，既要相对安静，利于双方沟通，又要保持足够的透明度，以免受到恶意欠款客户的讹诈
自己的工作地点	邀请欠款客户来自己办公室是很难的，尤其是明确表示催收账款，他们多半会称自己没有时间。但如果以商谈业务的名义则会容易很多，这时要找准机会，表达自己催款的想法
业务往来中商务聚会的地点	私人派对或商务性质的聚会，销售人员不妨充分利用这类聚会的影响力向客户进行催款，在这类场合中，出于其他利益的考虑，欠款客户很可能会答应催款要求

技巧 32 注意说话的表达方式

> 做销售的应该都知道，沟通需要技巧，与欠款客户交谈更是一项技术活，不同的说话方式会产生不同的结果，好的说话方式不仅有利于双方沟通，还会对收款工作起到事半功倍的效果，因此，在收款时不仅仅是说话，而是要将话说好、说对。

很多销售人员，在与欠款客户沟通时用词总是不够准确和缜密，从而引起客户的误解和不信任。比如，经常带有"可能"、"应该"、"也许"等这些不确定性的字眼。为了给客户更多的信赖感，销售人员必须准确无误地选择措辞，选择正确的表达方式。

下面是销售人员在收款过程中常用的句式，如表4-3所列。

表4-3 销售人员在收款过程中常用的句式

句式	运用	示例
直言是非式	在进行收款过程中，对客户说话的过程中应"晓之以理"，让其知道欠债还钱的道理，通过平等交谈敦促客户进行回款	"占总，您是一个明白人，我们也理解贵公司的情况，但是现在大家的工作都难，而且这笔款的账期已经过了××天了，如果再收不回我也不好交代，所以，麻烦您……"
赞美式	在进行收款的过程中通过利用人好面子的心理特点，在说话的过程中运用赞美的语气或者夸奖的话语来达到收款的目的	"李总，您看贵公司的产品在市场上销售得如此火爆，企业每年的利润情况也是在整个行业数得着的，明年的情况肯定也非常不错，现在这有一笔货款已经超过账期了，还希望李总您多支持我们一下啊，能给我们办理了，免得因为这点小事，耽误您的宝贵时间……"
对比式	就是利用人们喜欢互相攀比的心理，在进行收款工作中，通过说明其他同行业客户的付款情况，以此刺激债务人提高其付款的愿望	"王总，您看其他公司情况还没有你们好，他们在支付货款时都很爽快地给办理了，现在贵公司应该也没什么问题了吧，您看这是他们结款底单的复印件。"

续表

句式	运用	示例
利诱式	即在收款的谈话过程中,以利益诱惑为主要策略,提高客户付款的积极性	"如果贵公司在25日之前能够将货款付清,我公司就会给予1%的折扣,这也是笔不小的数目,同时我公司财务也会提高贵单位的授信额度,这对贵公司也是有利的,所以,还是赶快把款给办了,免得错过这么好的一个机会。"
施压式	对那些存心赖账,一心想拖欠的客户,在收款时可以通过暗示告诉债务人可能会采取强制措施或者其他手段进行清收欠款,借此引起客户的紧张气氛,刺激客户尽可能支付货款	"你们的货款再这样拖欠下去,我们只能将这件事情移交到我公司的法律部门,通过法律途径进行解决,这样的结果你也知道,所以对于付款的事情你还是再想想吧。"

掌握了几种常见的表达方式后,还应该注意必要的说话禁忌。尤其是在催款时,更不能口不择言,一句话可以成事,一句话也可以败事。

哪些话不该说,哪些话不能说,或者不知道该说什么时,干脆就什么也别说,沉默一会,给自己也给对方一个思考的时间。不恰当的话语不但无法说服客户,还可能遭到对方的反感和拒绝。常见的催款禁语包括以下四个类型。

催款禁语四类型

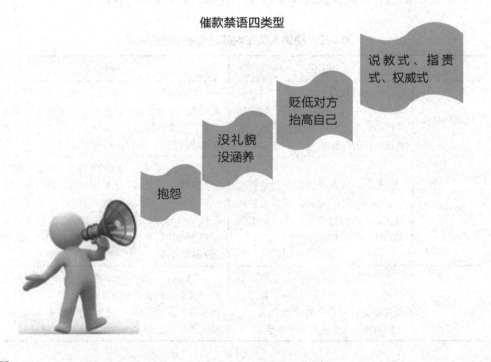

抱怨

没礼貌没涵养

贬低对方抬高自己

说教式、指责式、权威式

① 不能用"说教式、指责式、权威式"的话来要债,要多给对方制造表达、陈述和说明的说话机会。

有经验的收款高手常说:"口为福祸关,成败在于一张嘴",他们甚至还总结出:"嘴角上扬的人,一生多福气",注意这里的嘴角上扬指的是微笑。有位著名的国际收账专家说:"收账时最初的几句话要带着微笑去说,我的方法就是这样,用微笑可以避免所有或者至少90%的问题发生。"因此,作为收账人员必须明白,催账时一定要把好"嘴"这道关,而真心的微笑是最棒的、最神奇的见面礼。

② 不要贬低对方,抬高自己;在进行收款洽谈时,作为收账人员应避免使用"我是债权人,你是债务人"、"依法依理都该马上结账"等太直接、太伤人、太强势的语气,同时也要注意避免"义正词严"、"得理不饶人"的大声说话方式。

③ 讲究说话的基本礼貌。毕竟,得体且受人欢迎的话,可以避免不必要的争吵,特别有助于债权债务问题的解决,并确保双方良好的人际关系。

④ 对客户的抱怨要正确响应,基本原则是:认真倾听客户的抱怨,尽量助其解决问题,并适时的安抚对方,让客户感觉到自己心中的怨气并不是没人理解,久而久之,你们的关系会更加亲密,收款还会成问题吗?

技巧 33 注意语速语调的配合

> 说话是一门艺术,讲究语速、语气或语调的配合,当两者的配合让人感觉到悦耳、和谐、亲切的时候,才不会让对方产生厌烦情绪,甚至急于终止谈话,使后续工作无法顺利完成。

销售人员在与欠款客户洽谈时,必须注意自己说话的方式,尤其是语速、语气和语调的配合。很多销售人员催款时,或许经验不够,或许紧张,或者是习惯问题,讲话总是显得很急促,无法清晰地表达自己的想法。这样一来即使准备很充分，穿得很体面，如果一开口阴阳怪气的话，客户也会对你的印象大打折扣，认为缺乏修养，办事马虎草率，甚至对你的能力产生怀疑。

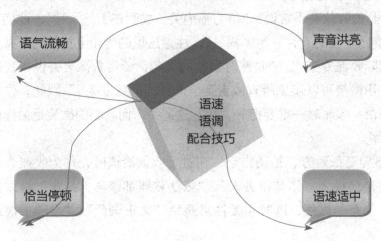

（1）语气流畅

语气流畅是保证准确表达的第一要素，作为催款人员首先必须确保让客户听清楚自己在表达什么。有些人，发音不标准，吐字不清晰，直接影响到说话的效果，更为重要的是，语言作为思维的外在表现，一个说话不流畅的人通常被认为是思维反应迟钝。

为了使催款更好地进行，销售人员必须在发音、吐字上下工夫，保持话语的流畅性、连贯性可增加欠款客户对你的信任和认可。

（2）声音洪亮

在催款时说话声音不能过小，显得死气沉沉，毫无激情。慷慨激昂的声音可有效地带动客户，激发对方继续听下去的愿望。由此可见，销售人员在催款时，必须改变一下发音方法，让自己的声音变得洪亮、浑厚、有磁性。

需要注意的是，一个人声音洪亮与否与自身的条件有很大的联系，有的人声带厚而宽，发出来的声音就洪亮、浑厚；而有的人声带比较薄，显然就小而尖。但这是可以改变的，因为，这还与发声方式有关，只要注意自己的发声方法将会得到很大的改观。

（3）语速适中

讲话的语速，是影响沟通效果的另一个因素，太快或者太慢都不可取。语速过快，可能令客户无法听明白你的意思，对方还没有反应过来，你已经说完了；反之，说得过慢会给人留下一种拖泥带水的不良印象。因此，在说话的时候必须保持语速适中，根据客户的具体情况来调节节奏，以做到有条不紊，恰到好处。

（4）恰当停顿

在与客户谈话时，适当地停顿非常重要，为了准确充分地表达自己的意思。催款人员在说话时必须要有逻辑性，层次感。这就要求在说话的时候学会适当的停顿。虽然并不要求像书面表达一样严格按照标点符号要求进行，但必须要有必要的停顿，抑扬顿挫。

下面是沟通中需要停顿的时机：

① 强调某个字或某句话的重点，加深对方的印象时；
② 在需要表达转折意义的时候，要停顿一下；
③ 为了体现思考判断，需要以停顿来给客户思考的时间；
④ 塑造某种意境，给客户回味想象空间。

技巧34　用真情去打动对方

> 很多销售人员在推销的时候都懂得利用情感、人情去推销，先交朋友再做交易就是这个道理。同样，在催款时也应如此，学会与客户交朋友，善于打情感牌。

尽管欠款总在情与法之间难以取得平衡，但是情还是比法更为人性化，更易解决问题。催款人员要善于打"情感"这张牌，当客户对你产生信赖后，相处起来自然也就容易得多。

大多数客户对张口要钱的人有一种本能的反感，即使这是他们必须要支付的。要想让客户的这种反感降低到最低，就要学会借助"情感"的因素，巧妙地运用"情感"这个纽带，就可使催款过程变得更顺利，那么，具体该如何运用呢？

（1）不要一张口就谈钱

中国人比较重情义，初次见面直接要钱，很多人对此有防范之心，也许这就是谈钱伤感情的道理。如果你再摆出一种高高在上的姿态，很容易令对方反感。

所以，对于销售人员而言，尽管催款是第一目标，但在与对方交流的时候要尽量避免直接谈论。

（2）把客户当朋友，言语诚恳

中国是个人情社会，大多数人都比较重视"情"，所以在催款活动中也不妨试试"以情制胜"法。先把客户当朋友，尽量试着与他们做朋友，而不是单纯的生意、利益关系。平时的言行中都以朋友的身份，真诚相待，从关怀出发，让客户感觉到你的真诚。这样对方才会最终放下心理戒备，真正地接受你。

（3）善于利用客户周边的人

对"情"的利用不仅体现对待欠款客户本人上，还包括其朋友、亲戚以及身边的人等。毕竟情不是单向的，每个人都有各种各样的情，友情、爱情，尤其是亲情。有经验的销售人员都懂得善于抓住欠债客户的"情"，利用其身边的人达到收款的目的。

小陈的客户主要是私营企业，据他自己称，大部分客户都与自己的家属有联系，因此，每逢催款都会先打通客户的家属，利用家属的力量争取客户早日还款。回款基本都比较顺利，即使遇到小麻烦，稍做通融就可解决问题。

当然，感情的东西不是"利用"，通俗点讲，就是作为收款人要与客户平时有交情。如果你利益看得太重，不妨重新调整思维方式，因为有钱不一定什么事都能做得到，关键时刻还是"以情制胜"。

技巧 35　多用实例进行说服

> 事实胜于雄辩，做任何事情都必须讲究事实，催款也一样。不要总是说空话，说大话，最好把话题具体到实例上，用榜样的作用，讲道理，摆事实，直到客户同意马上还款。

说服客户尽早还款的前提是，催款人员要善于交流，并让其充分认可。然而，很多销售人员在催款时夸夸而谈，空洞无物，以使对方抓住了谈话的漏洞，借机一拖再拖。

实实在在的实例反而更容易触动人心,因此,销量人员在向对方收债时不如多举几个实例,用事实去说服对方。比如,对方以款项巨大为借口要求分期付款,就可向其讲述有同样,或更大数额却很快还款的例子。这样远远要比一一地介绍、催促效果好得多。因为对客户而言,只有让他亲自看到好处才能进一步被触动。

那么,销售人员催款时该选择什么样的例子呢?这是有技巧的,也就是说,不是所有的例子都适合当案例讲出来。

一般来讲,需要符合以下三个特征。

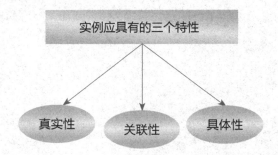

(1) 真实性

运用具有确凿事实的例子旁征博引来说服欠款客户更具有说服力。一般可以达到两个目的,如表4-4所列。

表4-4 实例在面谈过程中的作用

真实实例的作用	对客户的影响
制造还款理由	真实的实例可为客户制造更多的还款理由,让客户觉得必须还款了
权衡各方利弊	真实实例能够促使客户产生共鸣,有利于对比分析,及时做出决定

在催款过程中,摆事实目的是充分地说服客户,因此不管如何说,说什么实例,最根本的一条就是必须具有真实性,而且要经得起推敲。有的催款人员同样是在向客户摆事实,可是里面含有很多夸大的成分,只要客户稍加推敲就可以发现其中的破绽,事实不攻自破,这样的实例如何能让客户相信。

(2) 关联性

销售人员在陈述案例的时候,除了具有真实性外,还有重要的一点就是必须围绕"欠款"这个主题展开。否则,即使说的全是事实,也未必能打动客户,有的销售人员开口滔滔不绝，仔细一听都是些与主题无关的话题。因此，销售人员在陈述之前，必须了解一下应该说哪些，以便双方取得共同的立场。

这些事实应该是客户熟悉的、有代表性的案例。

（3）**具体性**

很多客户之所以决定还款，往往是被一件很小的事情所感动。所以，讲实例，要清清楚楚，实实在在，尤其是个别细节必须注意到，比如，人物、地点、事件的过程等，避免过于笼统。

第五章

多管齐下，
综合运用多种催款手段

企业间相互拖欠货款的问题已经愈演愈烈，同时也延伸出了多种催款手段，如，利用电话、借用公司的压力、借用客户内部或者周围其他人等。为更好地达到催款的效果，销售人员需要综合运用多种方式，多管齐下，促使欠款客户尽快还款。

技巧 36 利用电话不间断地催款

> 电话,早已成为现代社会中一种重要的沟通工具,因便捷性强、成本低的特点,已经被越来越广泛地运用于销售行业中。而后续的催收账款工作很多时候也得需要依靠电话来协助完成。

催款除了亲自上门外,便是利用电话了,电话沟通是人与人沟通的主要手段。比如,欠款客户离自己较远,不方便上门催款;客户所欠金额较少,上门催款需要花费较大成本;账款刚刚超出还款期限,不便于上门催款等,这些情况基本上都要依靠电话与欠款客户沟通。

虽然现在的通讯手段越来越发达、快速、便捷,但也不要认为对方看不到你就觉得电话沟通是件容易的事,与上门催款一样,催账人员也需要提前做好充分的准备工作和掌握必要的技巧。

(1) 准备工作

① 先放松心情

催款很多时候意味着拒绝,每个催帐人员都明白,只要对方接到电话就开始有被拒绝的压力。没有一个人喜欢被拒绝,为了尽可能地减少被拒绝,在打电话之前首先要放松心情。比如,泡一杯热茶,深呼吸一口气,找个没有人的房间,一切就绪后再拿起电话开始行动。

② 备齐相关资料

打电话催款之前,首先要核对最新的档案数据,如准确的客户名称、电话号码、付款期限、订单号码、付款地址等,尤其是付款金额,积欠的账款明细,要特意核实一下。

```
┌─────────────────────────────────┐
│         电话沟通档案资料          │
│   客户名称        付款地址        │
│   电话号码        订单号码        │
│   付款期限        付款金额        │
│         积欠的账款明细            │
└─────────────────────────────────┘
```

③ 准备好话术

好的开始是成功的一半，对于整个催款过程来说，一个好的话术对吸引客户注意力、实现最终成交起着决定性作用。

话术的准备，核心在于开场白，第一句话非常重要。为了避免引起债务人的戒心，"开场白"要很讲究才行。

开门见山似的开场白

张总，您好，我是XX，这次给你打电话的目的就是谈谈去年10月份那个项目的款项，合同马上到期了，您看，最近是不是抽空结算一下。

开门见山是催款人与欠款客户沟通时最常用的一种基本方式，这种方式可以让对方在最短时间内了解你来访的目的。只有让客户明确了你打电话的目的，才有可能继续谈论下去。通常来讲，简单寒暄之后，应开门见山，直接说明来意，先说明应收款的数额，让对方有心理准备，这样，可以表明对收账的关注和收回的决心，给债务人一种无形的压力。

④ 确定真正的债务人

要债一定要找对人，如果对方是大型企业，就直接找指定付款的联系人或财务人员；如果对方是小型企业，最好和负责人或老板直接联系。如果债务人不在，不妨告诉接电话的人你的目的，比如，对方的秘书、同事或家人等。

（2）电话沟通技巧

电话沟通的技巧通常包括如下几点。

> **沟通技巧**
> （1）调整语气语调
> （2）注意倾听
> （3）对重要的电话内容进行记录
> （4）必要时可以进行电话录音

① 通过声调、语气展现自己的专业形象：电话沟通不如面对面的沟通那么全方位，一般要求销售人员利用自己的声音、声调、语气等展现出专业的形象，比如要力求声音的平稳和悦耳，语气缓急有度以及声调高低的控制等。

② 通过巧妙的倾听掌握有利信息：不随意打断客户谈话，而且要通过客户声音、语气等的表现，弄清客户的真实意图，通过客户透露出来的各种信息研究下一步对策。

③ 对重要的电话内容进行记录：如客户答应的付款日期、付款方式或者客户提出的一些具体意见等。

④ 必要时可以进行电话录音：比如发现客户可能存在故意赖账等问题时，进行电话录音可以为你今后采取法律手段进行催款时提供有力证据。

技巧 37 借助公司压力催收账款

> 给客户施加压力是收款的一个主要方法，在压力面前客户的还款态度会更加积极。但很多时候单凭个人的这种压力是非常有限的，甚至十分微不足道。如果能够巧妙地借助公司的压力，效果则会大不一样。

借助公司压力向客户催收账款，实际上是借助公司、上级的外力，达到向客户施加压力的一种方法，目的也是引起客户的同情，来达到收款的目的。这种方法虽然也带有示弱的成分，但由于公司的参与，要比简单的示弱效果好很多。

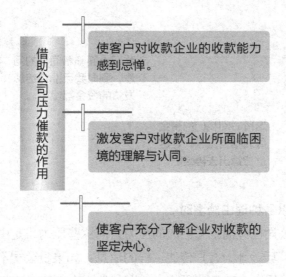

可见，利用这一方法催收账款，对客户的触动效果斐然。但是，在具体的运用过程中，同样需要灵活掌握，把握最佳的谈话时机。

利用公司给客户施压，什么时候提出最恰当，这是销售人员应该特别注意的。一般情况下需要根据当时的实际情况、谈话情景而定。

（1）当客户理直气壮时

有些客户对欠款不但没有悔意，反而显得理直气壮，比如，以财务部门忙，负责人不在等为由。这时，不妨向他们倒倒自己的苦水，列举自己完不成公司交付的催款任务将面临什么样的结果，目的是激发此类客户的同情心。

（2）当客户摆出自己的困难时

最理想的时机是当客户摆出自身的困难时，销售人员就可以紧接着引出本公司也面临着同样困难，将心比心之下，让客户及时还款。比如，客户以"资金周转困难"等理由拖延还款时，则可以伺机提出本公司资金方面的压力。

> 这段时间我们的资金周转相当困难，等这批货销出去再结吧。

> 我们也面临着同样的问题，到时我可能连给您发货的资金都没了。

（3）当客户以各种理由搪塞时

尽可能表明公司已经面临着巨大的压力，而这些压力正是由于应收账款不能及时回收造成的，巧妙地向客户传达这样的信息：如果贵公司不能尽快结清账款帮助我们消除这些压力，我们公司将会采取其他更有力的措施收回这笔账款。

> 我认为，产品滞销还是产品问题，这么长时间，销量很差，这种情况下只能再等等看。

> 这种情况如果的确存在，您可以向公司反映，但目前关于款项的事公司也有自己的处理办法。

 **借助周围的人帮忙**

每个人都有自己的关系网，善于借助他人的力量进行催款，会使催款工作变得更容易。尤其是周边熟悉的人是可靠的资源，既可以是自己周边的亲朋好友，也可以是欠款客户周边的人。

在经济活动中，每一个人都有广泛的社会关系，这些关系是在某种情况下成功的关键，特别是在商务活动基础上建立起来的社会关系，更需要人们以各种各样的社交方式来维持。

同样，催款也需要依靠人际关系。尤其是周围的人，比如，同事、同学、比较要好的客户等，都是不可忽视的人际力量。从催收账款的成效来考虑，运用这种方式所花费的成本最低，而达到的效果却令人欣喜。

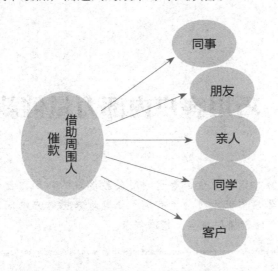

在借助周围人帮忙进行账款回收工作之前，销售人员必须进行多方面考虑，以防出现难以收拾的局面。具体地说，运用这一方式回收账款，销售人员需要注意以下六方面问题。

① 在寻觅合适人帮忙时，必须围绕具体的账款回收目标展开，切勿脱离这一基本点。

② 所选之人必须对你的催款目标有着深刻的了解，并且比较明确你与欠款客户之间的债权债务关系。

③ 所选之人必须诚实可靠，确保无论账款是否在他的帮助下得到回收，都不会出现其他不必要的纠纷。

④ 可以选择那些对欠款客户的某些情况比较熟悉的人帮忙，这样既有助于节省时间、提高催款效率，又有助于帮忙之人充分发挥其能量。

⑤ 针对典型的故意拖款客户可以适当地选择一些老弱病残者帮助催款，以便增加拖款客户的压力，但要注意采取必要的安全防范措施，千万不要使帮忙者面临危险。

⑥ 针对欠款客户的要害选择合适的帮忙者，比如针对于欺软怕硬的欠款客

户,就找那些身体强壮的人帮忙,以达到震慑此类客户的作用等。

综上所述,负责催收账款的销售人员需要在日常工作生活中广结人缘,与周围人建立良好的关系,这样在关键时刻才能得到更多人的帮助。同时,销售人员还要结合具体的催款目标寻找合适的人帮忙,争取以最少的成本将催款任务完成得更加圆满。

技巧39 巧用客户内部力量催款

> 很多有经验的销售人员都善于利用欠款客户的内部力量来完成收款任务。利用欠款客户内部人员,更有利于准确地掌握客户动向,了解更详细的信息,从而有助于抓住重点,精准催款。

欠款客户在面对我们的催款时可能会表现出一种"一致对外"的姿态,但实际上,其内部力量并不见得就是无坚不摧的。因此,销售人员可以利用客户内部的破绽,从欠款客户内部寻找突破口,一旦发现就要迅速采取措施,为己所用,达到成功回收账款的目的。

运用这一技巧进行账款回收具有一定的难度,但是却能取得十分喜人的效果。在催款实践中,销售人员如何灵活运用这一有效的账款催收技巧呢?具体来讲有以下两种。

① 在欠款客户的企业内部寻找合适的信息渠道,尽量克服信息弱势。信息占有的不对称常常使销售人员在催款实践中处于被动地位,如果能在客户企业内部找到合适的信息渠道,那么这种情况就可以得到极大的改善,从而有利于销售人员的各项催款活动更加顺利。

② 找到欠款客户内部防线的突破口。比如那些掌握充分信息的工作人员、对客户付款决定具有一定影响的人物等。

在利用欠款客户的内部力量进行账款催收工作时,销售人员需要特别注意以下3点。

① 来自欠款客户的内部力量必须在自觉自愿的前提下为我们提供服务，与这些力量接触时要以理服人。

② 尽可能地保护欠款客户企业内部"线人"的隐蔽身份，不仅要在欠款客户面前避免暴露"线人"身份，而且在自己的同事或朋友等人面前也要注意这一点，防止消息泄露，以便其为今后催款活动的顺利开展提供有力帮助。

③ 注意每一步行动的合法性，切勿采用违法手段收买或胁迫欠款客户内部"线人"，更不可利用欠款客户内部力量窃取对方商业机密。

技巧 40 运用公关手段催收账款

> 运用公关手段回收账款，实质是催款人或公关部门通过一整套有目的、有计划的公关活动，改变债务人到期不履行债务的态度，引发债务人的还债行为。

公关手段不是强制性的，而是一种诱导行为，利用各种传播媒介迅速传播信息，宣传自己，形成有利的社会舆论导向，争取大众的支持和同情，对欠款客户形成一定的舆论压力。

对于这一点，销售人员要有一个深刻的认识，在运用这一技巧时千万不要企图以强制手段实现，而是要逐步诱导，所有的行动都围绕"诱导"二字展开。接下来了解一下公关活动有哪些，公关活动的特性和作用。

（1）公关活动的类型

·新闻发布会、各种媒介宣传、记者招待会、新闻报道。

·市场调查、公众咨询、民意测验、服务调查问卷、投诉电话、意见箱、热线电话。

·座谈会、联谊会、招待会、宴会、茶会、专访活动、舞会、周年庆祝、纪念活动、寄送贺卡、宣传信件。

·开业典礼、节庆活动、专题活动、新产品推介会。

（2）公关活动的特性和作用

公关活动的特性和作用
- 宣传性：传播信息，宣传自己，形成对自己有利的社会影响力；
- 社会性：引起社会大众的注意和支持，形成良好的舆论导向；
- 征询性：利用为大众提供咨询服务的同时，为自己赢得良好的口碑；
- 交际性：为双方的进一步接触，建立广泛的关系提供外部环境；
- 专对性：针对某特定事件设计的专门宣传和报道，使问题更明朗化。

运用公关手段进行账款回收，在具体实践活动过程中可以采取多种方式，但是无论采取哪种方式，我们都必须依照相应步骤来展开工作。

那么，如何运用公关手段进行账款催收，其步骤有以下四个。

① 收集相关信息与资料，主要包括欠款客户负责人的性格特征、个人爱好、心理气质和资信状况等。一定要确保所收集信息的准确性和有效性，否则，在错误信息的基础上我们不可能制订出科学的公关行动计划。

② 寻找专业公关机构或企业内部公关部工作人员的帮助，在这些专业机构工作人员的帮助下，根据客户资料，有针对性地制订一套行之有效的公关行动计划。

③ 在专业公关机构或工作人员紧密配合下切实执行具体的公关行动计划。

④ 根据公关行动计划的具体执行情况对实际催款效果进行科学评估，准备进一步完善公关计划以使相应的公关活动产生令人满意的催款效果。

技巧 41　委托专业机构催收账款

随着市场的进步和不断完善，目前已经出现了很多专业的催款机构，而且越来越多的企业选择与专业催款机构合作，对于部分比较"难啃"的欠款客户，只能委托专业机构了。

实践表明，采用委托专业机构催款这种收款方式，对于企业有诸多好处，如提高销售人员的工作效率、降低企业内耗等。

为什么越来越多的企业开始委托专业机构催款，关键在于机构具有如下优势。

① 具有丰富的催款经验，工作效率很高，能及时有效地收回账款。

② 对当地的法律、法规及商业习惯都比较熟悉。

③ 可以凭借明晰的权责关系将催款过程中可能产生的各种问题减到最少，从而使催款一方与欠款客户之间的友好关系得到更好地维护。

④ 大多数专业机构如果无法成功收账，就不收取佣金，这与法律手段相比，成本要低很多。

综上所述，专业机构兼具专业性和低成本的双重特点，正是这些优势，才使得越来越多的企业在催收账款遇到困难时选择与机构合作。

那么，作为销售人员该如何很好地与机构展开合作呢？可以按照以下步骤操作。

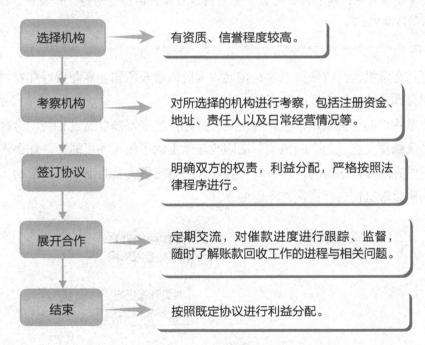

催款机构虽较为专业，但仍具有民间机构的性质，在管理、催收手段上都难免存在不规范、不合法的地方。因此，销售人员在委托这些机构时，需要非常慎重。以下三点是必须要注意的。

① 认真筛选，选择那些有资质、信誉程度较高的合法专业机构，否则就很容易在催收账款的过程中出现一系列难以解决的问题，这将进一步增加收款成本。

② 在委托专业机构进行催款之前必须签订协议，先明确双方之间的债权关

系，以免以后出现不必要的纠纷。

③ 加强对专业机构各项催款工作的监控，保证其行为符合相关的法律法规，随时了解账款回收工作的进程与相关问题，以便及时采取更有效的措施。

技巧42 通过金融机构催收账款

> 在我国，银行、信用合作社等金融机构对债务具有监督的职能。在催收账款过程中，销售人员可以充分利用这些部门的监督功能，来实现回收账款的目的。

通过金融机构回收账款主要是指通过人民银行及所属各专业银行和农村、城市信用合作社的帮助实现回款目的。

依照我国的相关规定，企业与企业进行账务往来都需要通过相关的金融机构进行转账结算，这就为金融机构帮助回收账款提供了极大的可能性。如果经过努力仍不能完成催款任务的，即可向与欠款客户有信贷关系的银行申请帮助。

利用金融机构进行催款的流程如下。

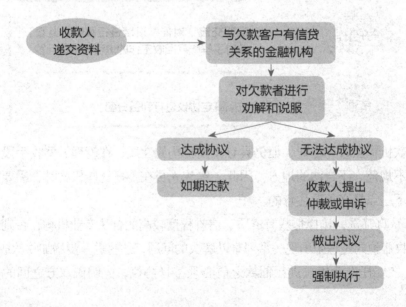

如果欠款者不接受银行劝解，拒不履行还款义务，银行无权直接从欠款客户的账户划收相应账款给收款者。这时，需要收款者先向法院提出申请，由法院指定机构单位向欠款者发出调解书、仲裁决定书或判决书等。

金融机构收款，某种程度上只是出于协助，不具有强制性。但在一种情况下具有强制性，即当有关仲裁机构，或法律机关的仲裁判决结果生效之后，欠款客户仍然没有在规定时间内履行还款义务的，可以由法院通知有关金融机构协助执行。

为了更好地通过金融机构的相关职能达到催款目的，销售人员在与客户合作时需要有一点先见之明，具体表现在以下几方面。

① 与客户进行账务往来时最好由自己提供第三方金融机构，或选择自己熟悉的银行，最好能在合同中约定好具体的银行名称。

② 掌握相关的金融知识和有关信贷政策，尽可能合理合法地在金融机构的帮助下实现催款目的。

③ 具备一定的法律知识，这将有助于在催收账款的时候争取获得有关国家金融机构的大力支持。

技巧 43　运用媒体影响力催收账款

> 媒体的影响力是巨大的，运用媒体影响力进行催款，也是一种主要的方法。此种方式主要是指催款方将欠款客户欠款一事经媒体公布于众，对其起到曝光、震慑的作用。

运用媒体的力量，一方面可以达到收回欠款的目的，另一方面对其他恶意欠款客户也有一定的震慑作用。在现代社会，可以被运用的媒体有很多种，大体可分为两种，一种是传统媒体，一种是新媒体。

传统媒体包括电视、广播、报纸、杂志等几类，新媒体主要包括以互联网为基础，利用数字技术、网络技术，发展起来的电脑、智能手机、数字设备等终端媒介。

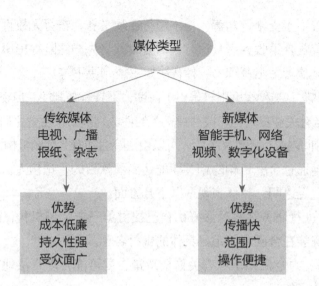

众所周知，媒体的力量是巨大的，一经显示其巨大的影响力就很难改变结果，尤其是在网络高度发达、新媒体多样化的今天，媒体的传播力有了很大的延伸，宣传和曝光作用非常大，范围之广、影响力之大，都是前所未有的。所以，当某企业被戴上恶意欠款的帽子，其未来境地可想而知。因此，运用这一方法催款需要慎之又慎，如果不是到了万般无奈的地步不要轻易动用。

以下几个问题是必须要注意的。

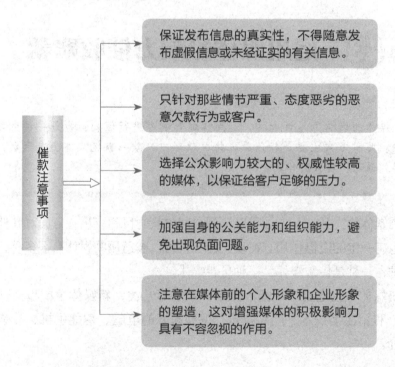

再次强调一下,利用媒体"曝光"的方式进行账款催收工作,一般只是针对那些情节严重、态度恶劣的恶意欠款行为。对于绝大部分欠款客户我们要尽可能避免采取这种强势方式。

技巧44 联合其他力量给欠款人施压

> 俗话说群众的力量不可阻挡,当一个人的力量有限时,不妨多联系几个讨债人,共同对欠款客户"发难",面对多个讨债人的联合施压,欠款客户为了维持正常的经营考虑,往往不得不答应付款。

有时,我们在催收账款的过程中会发现某些欠款客户就像一块非常难啃的"硬骨头",任由我们软硬兼施、费尽口舌、想尽办法,都是一副胸有成竹的模样。面对这类很难对付的客户,传统的催款方法无法奏效,那不妨联合其他厂家对其进行施压,以达到成功回收账款的目的。

当联合其他讨债人一起对欠款客户进行施压时,欠款客户就不可能对这种集体追讨的行为无动于衷了,因为他们很清楚,这些供货商一旦联合起来集体停止供货或者采取其他措施,那将很难开展正常的经营工作。

在联合其他厂家对欠款客户进行施压、迫使其偿还账款的过程中,我们必须小心行事,以免出现差错,为此,需要特别注意以下问题。

① 认真考核,准确界定客户类型,如果客户还款态度积极而只是暂时无力还款时,我们就要谨慎采用这种方式,以防把客户逼至绝境,我们也可能因此而没有退路。

② 在联合其他厂家进行催款时,要谨慎选择,切勿与那些债务关系不明、经营存在重大问题、企业形象不佳或催款方式不符合法律规范的厂家联合。

③ 结合其他方法进行账款回收,在联合其他厂家对欠款客户进行施压的同时借助其他手段进行催款。

④ 加紧与欠款客户的沟通与联系,准备充分的资料,及时递交各项手续,

尽可能早地结清账款或拿到客户的书面承诺。

⑤ 始终牢记自己的催款目标，不要毫无目的地行动，那样最终只能白为他人做嫁衣。

技巧45 借助特殊的场合进行催款

> 有效地利用特殊的场合，对账款的催收有着很大的促进作用，销售人员可以借助特定场合进行催收。

一般而言，对收款人比较有利的场合包括：约请对方催收、聚会场合催收、不期而遇场合催收、喜庆场合催收、不幸场合催收等，在催款时收款人应根据不同的场合采取不同的方式，这样才可以起到意想不到的效果，从而实现轻松回款的目标。

（1）约请对方催收

所谓请进来的策略，就是指债权人在自己的大本营向债务人实施收款的行为，它主要适用于这种拖欠款情形——债务人不能按照合同约定期限还款，但是债务人不会害怕与收款人见面，也不会躲避收款人，甚至还会主动拜会债权人，向债权人说明情况，争取债权人的理解和同情，取得债权人的同意，以此来延缓履行债务的允诺。

采用请进来的策略，最关键的是"请"的方式和"请"的时间。对于债权人来讲，需要注意的是，债权人和债务人的法律地位是平等的，不存在谁领导谁、谁管理谁的问题。因此，在"请"的方式上最好以"联谊会、讨论会、交易会"等债务人易于接受的名义邀请，以合作的方式进行邀请，对于债务人来讲有利可图都愿意接受，并且在通知债务人参加"会议"的通知上，债权人一定要避免使用"在什么时间到债权人所在地就有关债务问题进行商榷"等赤裸裸的语言，以免引起债务人的逆反和对抗心理，导致对方拒绝合作。在"请"的时间上，最好是在债务合同即将到期的时间进行，把债务人请进自己的大本营，暗示对方要遵守合同的约定，按时履行债务责任，而不要等到债务人不还债时才想办法向对方进行讨要。

（2）聚会场合催收

债权人在其他场合找不到债务人，或者见到了面，没有机会向债务人进行催款，那么利用聚会场合催收可能是比较好的方式之一。

由于这种场合一般都关系到企业或者个人的形象和声誉问题，催款人利用这种场合实施催款和讨债行为往往会起到令人满意的效果。

同时，在聚会场合实施催款要注意保持有礼有节，因为催款人的言行和举止是否符合礼仪要求，将决定是否能被参加聚会的人所接受。如果催款人言语不逊和行为粗鲁，就很容易遭到参加聚会人的拒绝和指责，而再催款时也不会得到理解和支持。可以说在聚会场合实施催款，对于催款人来说不仅是心智的较量，也是对催款人社交技巧和公关技能的检验。

（3）不期而遇场合

在催款工作中收款人会经常碰到这样的情况，收款人在上门进行催款时会因为债务人不在而使收款工作无法进行，这时可制造些与债务人不期而遇的机会，比如在火车、飞机、轮船或者在宾馆、酒店等场合恰巧碰到。

针对这种不期而遇的场合，收款人首先应该保持冷静、沉着、稳重，对债务人应当像久别的老朋友意外相遇一样热情和有礼貌，等债务人在你的感染下摆脱窘境后，再有礼有节、智中有谋地向债务人讲明对债务的清偿请求。其次，在实施的过程中收款人不论采取什么样的行为和举动，如果债务人不答应履行债务，收款人就应该采取不达目的誓不罢休的态度一直与债务人纠缠下去，直到债务人答应立即履行债务为止。最后，在与债务人不期而遇时，收款人切忌感情冲动做出一些过激或过火的行为，影响业务活动的开展。

（4）喜庆场合

就是利用债务人在喜庆场合下的轻松心理，实施催款行为。如在债务人举行隆重的庆典活动（如厂庆、产品获奖、新品研发成功、年终表彰等）时，债权人以道贺的名义前去参加，在活动过程中找适当时机巧妙地向债务人提醒或催讨债务。一般在这种场合下债务人都比较放松，也不愿意因为一些事情影响活动的气氛，债务人一般都会爽快答应。

（5）不幸场合

不幸场合的催收是指在法人债务即企业或经济实体遭受不幸的情况下，收款人进行催款的行为，一般来讲企业遭受不幸主要有以下几种情况，一是自然灾害，如地震、台风袭击、洪水淹没等；二是人为灾害，如火灾、人为质量事故、人为重大机器事故等；三是企业因为经营管理不善或因政策原因倒闭等。不管属于哪一类情况，企业遭受的不幸都会直接影响债权人的利益是否能够实现。而且，在实际生活中，凡是债务人遭受不幸，催款人都很自然地会想到自己的权利是否将遭受损失以及如何能够保证自己的利益不受损失。在债务人遭受不幸的场合下，催款人应当正确分析造成不幸的原因以及不幸所带来的后果，然后根据实际情况采取有效的方法实现催款的目的。

如果债务人确实已无起死回生的能力和机会，那么催款人也要采取及时果断的措施，如提请法院进行保全，保障自己利益不遭受更大的损失，在这种情况下，不能认为催款人是趁火打劫，因为催款人有权利保护债权人权利不受损失。需要注意的是，这里讲的不幸场合催收专指法人债务，即企业或经济实体遭受不幸，而不是指法人债务负责人其个人或家中发生不幸时进行催收，这种办法虽然可以起到催款的目的，但是与我们社会提倡的社会道德要求相矛盾，而且还容易引起债务人极端对立的情绪，从而使催款失去回收的可能，甚至发生过火的举动危害社会安全，因此，不宜多用。

最后需要注意的是，由于场合不同，催款的手段和方式也应该有所区别，所以，在催款之前，收款人应该清楚知道各种场合催款的技巧和利弊，只有这样，收款人才能及时发现机会并"对症下药"，施展手段"迫使"客户就范。

第六章

巧妙周旋，
对付老赖有绝招

在部分欠款人眼里诚信无足轻重，所以才会出现"老赖"，明明有偿还的能力，却以各种理由拖延，甚至拒绝。对于这类老赖，销售人员就不能用常人的思维去思考，不能以常规的方法去解决。

技巧 46 尽早发现客户拖欠苗头

> 任何危害的发生都不是突如其来的,其在危害发生前期总有着这样或那样的征兆,因此,销售人员在对客户进行账款催收过程中,需要高度关注客户的一些异常行为,并根据这些行为采取必要的措施。

从客户的蛛丝马迹中发现拖欠的苗头,可以防患于未然,这对于扼杀不必要的呆、死账有重要作用。那么,当客户想要拖欠时,一般会表现出哪些迹象呢?通常表现在以下三大方面,如表6-1所列。客户一旦出现以下异常,销售人员必须给予高度关注。

表6-1 欠款客户常见的危险苗头

	特征	表现
企业或企业负责人方面的异常	莫名更换办公地点	办公场所的搬迁不是出于企业发展的需要,而是搬迁过于频繁,或由高档场所往低档场所转移的迹象
	经常被其他公司起诉	公司官司不断,并且这些官司都主要集中在债务上
	频繁更换管理层,公司离职人员增加	公司的管理团队人员更换频繁,基础业务团队人员无所事事,并且人员的辞职和流动率增加太快,超出正常的人员流动率
	经常找不到负责人	公司的负责人经常不在公司,也很难联系得到
	公司负责人负面消息不断	公司负责人因为种种原因出现一些负面的相关信息,或者本身出现一些违法或者自身健康方面的问题
	公司决策层存在较严重的内部矛盾	企业内部矛盾重重,尤其是公司高层管理人员之间的钩心斗角
业务方面的异常 企业管理	付款比过去延迟,经常超出最后期限	原先非常及时的付款工作,在很长时间内出现迟缓,并且无合理和正当的理由
	多次破坏付款承诺	对于事前约定的付款承诺迟迟无法兑现,并且反复出现类似的情况

续表

特征		表现
企业管理、业务方面的异常	公司有其他不明确投资（投机）	企业正常发展的资金被用于一些高风险的投资行业
	应收账款过多，资金回笼困难	企业对外应收账款过多已经严重影响到企业的正常生产和经营，并且应收账款回收难度较大
	开出大量期票	在短时间内开具大量的银行期票或者延期付款支票，应付客户正常的结款请求
	银行退票（理由：余款不足）	账面上余额不足，无法开具结款票据等
	银行转换过于频繁	开户银行三天两头更换，并且存在多个开户银行的现象
	以低价抛售商品（低于供货商底价）	对于库存的产品或者商品在进行大规模的甩卖，并且希望在短时间内清库
	突然下大的订单	在无特定需求和正常的市场需求情况下，订货量突然加大并远远超出其正常的需要量
其他异常	公司财务人员刻意回避	公司的财务主管人员针对客户对账或者结款工作，不按时开展必要的工作，经常采取种种借口进行推脱，使对账和结款工作无时间性延期
	业务人员不回复电话	正常业务开展的电话出现中断或者不给予必要的回复

当销售人员遇到客户出现以上的异常情况时，应该采取果断、迅速的应变措施，从发货量和加强汇款力度上来进行强化管理，以降低应收账款的回收风险。

技巧 47 客户变更信息要及时更新

由于客户企业在经营活动中总会遇到各种各样的情况，随时可能出现经营风险，因此客户信息不可能是一成不变的，这要求销售人员要及时更新客户信息。

搜集欠款客户信息，建立欠款客户档案，只是完成了对账款风险管理的第一步。在对客户信息进行管理过程中，还需要根据客户的变化情况进行跟踪了解，并定期对已经建立起来的客户信息进行更新和补充，以适应催收账款的新需求。

那么，关于客户信息的更新，销售人员应该关注哪些内容呢？大致可分为以下三部分。

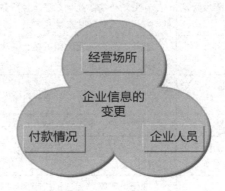

（1）企业经营场所的变更

企业经营场所的变更，是指企业因经营需要，比如，为了迎合市场、缩减经营成本，不得不对企业的经营场所进行搬迁。尽管是客户自身发展的一种需要，但销售人员作为债权人必须随时掌握这种变化。

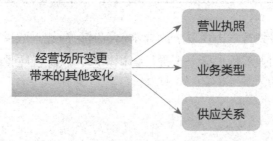

经营场所的变更会带来一系列的变化，如营业执照、业务类型、供应关系等，这是销售人员必须要搞清楚的，这对于日后继续追缴欠款起着重要的作用。

（2）企业人员变更

企业人员的变更包括企业相关人员的变动情况，包括企业法人、股东、或者业务中直接接触的项目负责人等。

目前，大多数企业所有权与经营权分离，企业所有者会将全部或部分经营权交给职业经理人。这样一来，无论是企业所有者还是经营者，一旦变更就会对应收账款的回收产生很大的影响，因此，销售人员作为债权人必须对客户企业的变动情况进行洞察，及时更新客户的信息资料。

（3）客户付款情况的变更

客户付款资料的变更，主要是指企业因业务关系，或者合作关系的变更而引起的付款方式、付款期限、付款额度的变化。在合作过程中的付款情况，从客户付款的及时性等相关信息上对客户的信用进行考察和动态评估，并根据评估的情况对等级进行调整。

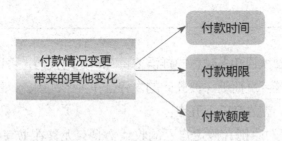

通过对客户信息的定期更新，可以对客户的变化情况了如指掌，了解客户人事以及企业经营的发展动向，做到防患于未然，同时可以帮助自己对企业的应收账款提出明确的管理办法，减少在销售过程中的风险。

技巧 48 发送催款函友情提示

> 如果客户在合同规定的期限内没有按时支付欠款，而且也没有对我方寄送的对账单进行明确回复，那销售人员就需要马上向客户发送催款通知书了，必要时可与对账单同时下达。

对于那些超出还款期限仍执意不还款的客户，或者长期拖欠货款的客户，发送催款通知书是最恰当的一种方式，目的就是向对方及时地表达自己的催款之意。

销售账款催收

每次催款最好得到对方的承诺书,对于大部分客户来讲,当收到催款通知书之后都会给出相应的回复,这样会大大避免因超过时效而无法追回的风险。

那么,销售人员该如何撰写催款通知书呢?模板见表6-2。

表6-2 催款通知书模板

××公司
　　截至＿＿＿＿年＿＿＿＿月＿＿＿＿日,贵公司账面尚有欠款＿＿＿＿元(大写＿＿＿＿元整)。按照签订的有关协议约定,贵公司应当在＿＿＿＿年＿＿＿＿月＿＿＿＿日之前支付上述款项,但公司至今仍未收到该笔款项。因此,特请贵公司能够在近期内及时向公司支付上述款项。
　　此致

公司(印章)
　　　年＿＿＿＿月＿＿＿＿日

向客户发送催款通知书时,同样需要讲究一定的技巧,否则可能难以达到催收账款的目的,甚至反而破坏彼此间的友好合作关系。因此,销售人员在向客户发送催款通知时,需注意以下五点。

① 本着友好的原则,传达自己的收款信息,尤其在书写时必须注意措辞,避免过于生硬。

② 着眼于双方的长远合作,让客户明确彼此间的权利与义务关系。

③ 写明具体还款日期,避免写类似于"×年×月×日前后"的写法。

④ 婉转而明确地告知客户如果未按时付款会有什么后果,让客户既深知这些后果,又不感到受威胁。

⑤ 最好附上相应回执,方便客户及时还款或提供回复。

技巧49 向客户发送催款函

如果向客户下达的对账单或催款通知书等达不到预期的收款效果,那么销售人员需要进一步表明自己的态度和立场,向客户送达一份能够引起客户足够重视的催款函。

催款函不仅仅是传递信息，还具有法律效应，当对方无视发送的催款函时，债权人有权依照催款函向法院提起诉讼。

撰写账款催款函时，销售人员要注意内容的准确性，言辞、语气坚定、恳切，力求能引起客户的重视。

例如：

开头部分写上"尊敬的×××"的字样，也可以在名字后面加上"先生或女士"等。

正文部分要直接指出自己的要求，如，贵公司已经有总金额达　　元（人民币或美元）的应付账款超过了合同规定的最后还款期限××年××月××日。

结尾部分，注明发送人、公司签章和年月日。具体见表6-3。

表6-3　账款催款函

催款函
××公司
我公司在向贵公司发送催款通知后，久久未得到任何答复，鉴于此笔款项拖欠时间已超过约定时间，特发此函。我们也希望您能了解此笔应收款的紧急程度，体谅我公司及我本人的难处，并能够于＿＿年＿＿月＿＿日前尽早支付。
如果不能于＿＿年＿＿月＿＿日之前全部结清此笔账款，那么我希望能在两周之内收到您的电话或回复文件，我们可以进一步商量双方都可接受的账款支付计划。迫于我公司严格的财务政策，如果我在＿＿年＿＿月＿＿日之前仍未收到您的回复，我公司可能会考虑在上述日期之后的一周内将此事交给×××律师或××××专业财务公司处理。
谢谢合作！
×××敬上
公司（印章）　　＿＿年＿＿月＿＿日

为了便于客户及时还清此笔账款，在信中附上应付账款对账单，如表6-4所列，发票复印件，以及其他相关附件，同时注明期限（××年××月××日过期）。

表6-4　应付账款对账单

发货情况						收款情况		应收款余额	开票情况	
发货单号	发货日期	收货人	数量	单价	金额	收款日期	收款金额		开票日期	发票号码

续表

发货情况						收款情况		应收款余额	开票情况	
发货单号	发货日期	收货人	数量	单价	金额	收款日期	收款金额		开票日期	发票号码
					合计		合计			
核对情况										
核对有误		差额_____元（人民币）				核对无误				
								客户签章		

供货方：　　　　　　　电话：　　　　　　　传真：

在催款函递送的过程中，为保证自己的诚意，最好委派公司专人专送。如果是异地客户，应该采用最安全、最快捷的方式。通常来讲，传真配合电话沟通进行，是最常用的方式。

现在比较流行的电子邮件、快递公司寄送，都存在不同程度的缺陷，电子邮件这种方法快捷高效，但由于诸多原因的存在，客户有可能真的无法收到邮件，有的甚至可能会装作没有收到。快递方式虽然能够在很大程度上保证客户负责人亲自接收，并且效率非常高，能确保客户及时回复，但安全性稍差。

技巧50　必要时委派律师发送律师函

为了更好地维护企业利益，在出现债务纠纷时，很多企业会动用法律武器，委托律师全权处理债务问题。走法律程序第一个环节就是聘用法律顾问，代企业向欠款客户发送律师函。

以律师函的形式，向欠款客户催款，目的在于阐述债权、债务关系和法律依据，这可使债务人意识到问题的严重性，主动履行还债义务。同时，对于即将超过诉讼时效期的债务纠纷，可以起到中断时效的作用，为债权人实施讨债赢得更充分的时间。

发送律师函的优势在于，律师丰富的法律知识和处理法律纠纷的经验，可以最大限度地保证款项的收回，对讨债工作起到诸多积极作用。这种作用主要体现在以下三个方面。

可见，律师函在催收账款中发挥着重要作用，在特定的情况下，必须通过发送律师函才能达到回收账款的目的。那么，销售人员该怎样给欠款客户发送催款律师函呢？

（1）委托律师

给欠款客户发送律师函，要先委托一名律师全权代理，因此，选择合适的代理律师成了首要工作。在委托律师时，应按照以下程序进行，全面了解律师事务所，及承办律师的从业资质、服务标准、收费标准、联系方式等基本信息。

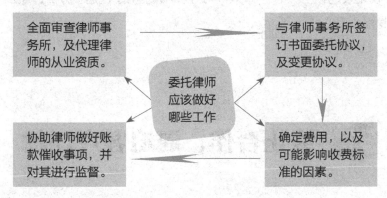

（2）协助律师起草律师函

律师起草律师函时，销售人员有义务向其提供相关的资料，比如，与欠款客户签订的协议，双方业务往来的记录，以及日常追缴情况等。由于这些都要体现在律师函中，因此，必须准确、全面、符合事实依据。附催款律师函模板，如表6-5所列。

表6-5　催款律师函模板

催款律师函

××公司

　　我律师事务所接受＿＿＿＿＿公司（以下称委托人）的委托，作为其代理人处理您拖欠委托人货款纠纷事宜。现就您拖欠委托人款项的相关事实和法律问题，正式函告于您：

　　经对委托人提交的材料进行审查，经初步认定有如下事实：

　　您于＿＿＿＿＿年＿＿＿＿＿月＿＿＿＿＿日亲笔书写欠货款人民币＿＿＿＿＿元整的欠条一张，截至＿＿＿＿＿年＿＿＿＿＿月＿＿＿＿＿日，并没有按照"欠条"向委托人偿还拖欠的货款＿＿＿＿＿元整。

　　根据前述认定的事实，＿＿＿＿＿公司与您之间的债权债务法律关系明确，您应及时向＿＿＿＿＿公司履行所欠债务。逾期偿还欠款的行为已经违反了我国《民法通则》第一百零六条和《合同法》第一百零七条的规定，依法应当履行支付欠款人民币＿＿＿＿＿元整的义务。

　　我们提出如下法律意见：

　　1. 欠款方10日内向委托人付清全部款项。否则我们将采取法律措施来追究您的法律责任，以维护委托人的合法权益。

　　2. 若不按以上时间履行还款义务，本律师将代理委托人起诉至法院，通过法律手段来追究您的法律责任。

　　3. 届时，委托人将不再保留与您友好协商的余地，您不但要全额付清拖欠的款项，而且还应向委托人支付逾期利息，本案的诉讼费、律师费以及一切与此相关的费用都一并由您承担。

　　顺颂商祺！

　　请慎对之，以免讼累！

　　特此函告！

　　　　　　　　　　　　　　　　　　　　　　　　律师事务所＿＿＿＿＿律师

　　　　　　　　　　　　　　　　　　　　　　　　＿＿＿＿＿年＿＿＿＿＿月＿＿＿＿＿日

同时，发送律师函也是正式提起诉讼的前提，对于那些蓄意欠款，并且在多种手段催收无效的债务人，当事人则可在律师的协助下提起诉讼，通过法院来解决债务纠纷。

技巧 51　终止合作，逼迫客户还款

> 以终止与欠款客户合作的方式迫使对方还款，是一种决裂式、自杀式的方式。只要停止合作，就意味着双方的关系有可能彻底破裂，甚至引发对方愤怒而致其拒不还款。

运用终止合作这种催款方式将面临着与客户彻底决裂的风险，所以销售人员应该尽量将这种风险降到最低，既达到成功回收账款的目的，又切实维护双方的合作关系。因此，在运用这类方式时必须结合各种因素来考虑，否则就很容易导致与欠款客户的合作关系中断。

为了避免以上问题的出现，在采取终止与欠款客户合作、迫使对方还款之时，需要掌握5个注意事项。

① 提前拟定客户超出最后还款期限时的解决方式，约定我方有权利在客户不按时还款的前提下终止向其供货。并就这一问题在双方的合作协议中达成一致，这可以为日后的催款提供重要的法律依据。

② 掌握一定的语言表达技巧，在终止向欠款客户供货之前明晰、合理、恰当地向客户表达你的主要目的，使欠款客户能够以就事论事的态度解决账款问题，而不是情绪化地将问题复杂化、扩大化。

③ 根据实际情况，在合适的时机向客户提出终止供货的要求，具体时机的选择需要考虑法律时效、规定期限、客户还款能力及态度等因素。

④ 一旦向欠款客户通知了具体的终止供货日期，就严格地加以执行，切勿拖延，这样才可以树立自身威信，并给欠款客户造成足够的还款压力。

⑤ 在发现客户还款态度恶劣、问题较严重的情况下，需要在法律权限内果断终止向其供货，即使有可能破坏双方合作关系也要如此，因为只有这样才能使我们的损失降至最低。

值得注意的是，在两种情况下不宜采用终止合作的做法：

① 第一种：双方为国有企业，彼此的合作关系受国家指令计划，或法律的约束

如果你与欠款客户双方都是国有大中型企业，那么，欲中断合作关系，必须慎重。因为对方的协作关系很可能是受国家指令性计划的约束，受法律的保护。如果彼此之间的协作关系真是国家指令性计划所规定必须执行的，一旦中断反而会将自己陷于尴尬境地，甚至触犯法律。

② 第二种：双方为协作性联营企业，双方利益共存，此消彼长

联营体实质上是一个经营实体，在协作型联营中，联营的双方或者多方彼此之间订有协作合同，或受到对方利益的牵扯，如果债权人与债务人之间的协作也是属于这种协作的话，也不能采取中断协作的办法逼迫还清债务，否则，不但无法要回应收账款，反而会损害到企业的长远利益。

技巧 52　保留证据,销售单据是铁证

> 销售单据是买卖双方在交易过程中产生的一系列凭证。也是账款回收的重要依据之一,避免欠款客户耍赖的铁证。因此,销售人员必须保存齐全每一笔交易的销售单据,以防不测。

销售单据,是每宗交易产生后必须出具的一种买卖凭证,无论销售人员同客户的关系多密切,都不要认为销售单据为可有可无,而应将其作为自己工作的原则。因为,这对于日后账款的顺利回收具有十分重要的意义。主要表现为以下两大方面:

销售单据的作用

- 销售单据可以为有效避免账款风险提供有力保证,为企业提供最有力的法律依据,有效保障企业的相关权利。
- 有助于预防企业与客户之间货款不清的问题,为回收账款和排除障碍、避免应收账款风险提供了保障。

值得注意的是,销售单据是一系列凭证,包括多个类型,根据销售阶段的不同,单据的类型也不同。通常分类如下:

销售过程中涉及的单据主要有:

销售单据的类型

- 订货过程中涉及的单据:订货合同、如果有收押金的话要开收款收据;
- 发货过程中涉及的单据:发货单(或出库单)、提货单、物流明细单、工作日志单、销售计划单、销售发票等;
- 售后涉及的单据:收款单、借支单、销售发票以及网络客户跟进单等。

然而，在实际营销活动中，很多销售人员不重视这项工作，总有很多"自以为是"的理由。比如，对方企业这么大，怎么会出现欠款的事呢；或者认为与对方是老客户了，信得过对方，无需开太多繁琐的单据等。说到底，还是由于内心深处对应收账款的风险意识过于薄弱。

生意场上，先小人后君子才是生存之道，而任何营销都离不开收款。因此，销售人员若想顺利收回欠款，就必须保存好各种销售单据，以做好这项工作为重要准则，切实为自己在催收账款的过程中占据主导地位做好准备。要想做好这项工作，销售人员需认真细致地做到以下4点。

① 对合同的原件、附件及双方签字生效的其他协议文件一起进行存档整理。

② 客户订单保存齐全，对客户签字生效的每一笔产品订单都认真核实并加以妥善保管。

③ 做好送货记录，明确给客户送货的具体日期、数量及价格等，并让客户签字使之生效，拿到验收单据等资料后要一直保存，至少到客户还清所有欠款。

④ 定期查看具体的销售单据等是否齐备，内容是否准确无误，如果发现问题应及时采取措施加以补充和完善。

技巧 53　准备完善的文件和资料

> 在催收账款过程中，客户经常会以各种理由拒绝，而且这些理由需要确凿的证据和文件资料去进一步证实。这时，就需要销售人员提前准备。明确还款时所需要的相关文件和资料。

"如果拿不到税票的话，我们的财务部门是不会支付的。"

"我们需要看到完整的对账单才能支付账款等。"

类似的推拖欠款理由经常出现在销售人员催收账款的过程中。面对这些借口，销售人员自然可以将其理解为客户想要延迟还款的借口。

但是，作为销售人员你应该反思一下：如果我们在所有回收账款的管理中，将手续与文件都准备齐全，当客户再寻找这样的借口向我们发难时，我们还会这么被动吗？

所以，在进行催收账款的工作前，销售人员需要准备完善的回款手续与文件，不仅要按照公司要求准备相关的文件资料，还要弄清楚客户支付货款时需要哪些具体的文件、办理哪些手续，以及必须经过哪些工作程序等等。

准备的资料与文件越充分、详细、有序，工作就越富有成效，并在客户提出各种异议借口时更容易去应对。按照既定的回款程序，通常情况下，销售人员需要准备的手续与文件应至少包含以下六类。

收款通知单	向客户催收账款时需将一份收款通知单送到客户手中，同时自己要保留一份，以免客户没收到或弄丢了成为拖延还款的借口。
客户确认单	这类文件反映了客户对收款通知单的态度，主要作用是表明他们已经拿到了收款通知单，并且他们了解通知单的具体内容。
收账信	这类文件同样要留给客户一份，自己保存一份，可以表明你对催收账款工作的严谨态度；为以后走法律程序提供重要依据。
税票	客户支付账款时很可能会索要相应的税票，提前准备可以有备无患。
对账单	这些单据无论在对账时还是在收账时都必不可少。
客户财产分析报告	这些文件用得比较少，但在关键时刻却是应对客户借口的非常有利的资料。

技巧 54　擒贼擒王，找准拍板者

财政大权基本上都掌握在企业核心人物手中，销售人员催款必须与欠款方的主要负责人接触。即这个人要掌握财政权，有独立的决策权和拍板权，这样才有利于催款工作更加高效地展开。

一般来讲，核心人物是有决定权的、掌管财政的人。有些销售人员久久无法收回账款的原因是接触不到对方的核心人物。如果只是与一些非主要人士接触，即使付出再大的努力，也很难完成回收账款的任务。由此可见，催款必须与主要负责人接触。

然而，在实际操作过程当中，想要直接找到对方核心人物是很难的。因为欠款客户为了达到拖延还款的目的，主要负责人，如负责采购的经理，总是会想方设法地躲避。很多不相干的人也会出来干扰，比如："我们的财务人员刚刚出差，可能过一段时间才会回来……""我最近的工作实在很忙，等我抽出时间再与你联系……"

在这种情况下，销售人员该如何做呢？可以分两步走：

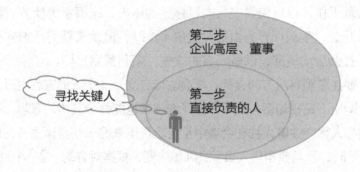

第一步：找当初合同上签字的人

当初在合同上签字的人是催账的首要对象，在任何情况下都要"紧盯"这个人。最好实地走访、直接面谈，若对方以自己"没有时间"等理由拖延，或安排不相干的人员纠缠可不予理会；如果已辞职、换职位或者无法找到，那就要找到权力更大的负责人，比如，企业高层，董事等，并且试图与他们直接谈判。

第二步：直接找企业高层面谈

企业高层往往是债务最大的"王"，在与这样的"王"会见前，需要注意以下两点。

①明细目标，确定谁是"王"

在催款开始时，明晰催款的目标人非常重要。只有找准了"王"，才能避免因目标不清而得不到应有的效果。

由于企业的经营体制不同，能够拍板还债的"王"亦不同。有的是部门经理即可拍板，在一定金额内有财务决策权；而有些则需要总经理、总裁或董事长才有权决定。一般来讲，催款目标尽量不要越级，如果部门经理能够拍板，就将部门经理定为"王"，作为己方的催款目标。

催款的上策是：既能将欠债追回来，又能尽量顾及双方的合作关系，保全对方脸面，以不影响双方今后合作为佳。销售人员在与对方会见之前，需要多搜集些这方面的资料。只要是正规的企业或团队都会向外发布相关负责人的资料。如企业领导班子组成、企业组织架构以及参加的社会活动等。如果不找部门经理，而直接找总经理，即使将钱要回来，但会影响双方今后的合作。

② 分析"王"，确定擒王策略

找到高级别的"王"并不意味着就可以顺利收回账款，不同的人可能有不同的反应。再加上社会背景、性格和特定的活动规律不同，因此在催款时要仔细、详尽地分析"王"，以找出目标的弱点，集中力量，加以突破，做到事半功倍之效。

例如，如果目标耳根软，有"惧内"的弱点，则可采取派专门人员尾随其夫人，对夫人做工作，以促使其夫人向目标施加压力，还清所欠债务。再如，有些欠债者总以开会、生病疗养为由拒付欠债。这时，追债者就要仔细分析"王"的生活规律和社会活动规律，以做到有的放矢，顺利找到目标。

再者，要注意观察对方的言行，学会临场应变，一个人的言行可以反映出一个人的内心，即使不说一句话，如果你能仔细观察也能体会其中的意思。接下来就来了解一下核心人物、关键人物在会谈中常会表现出来的一些身体语言，以及隐含的言外之意。这时，就需要销售人员学会临场应变，根据对方的一言一行去应对。

技巧 55　巧妙利用第三方，借梯登天

> 巧妙利用第三方是促使欠款客户还款的重要途径。对于销售人员来说，在催款中常常处于被动地位，是劣势一方。如果能寻找第三者的支持便有了与对方抗衡的资本。

在催款过程中，如果有人能在旁边"吹吹风""打打气"，比直接交流、盲目拜访要容易得多。研究表明：推荐生意的成交率是60%，也就是说，接触100个人能成交60个。相比之下，如果只靠自己单打独斗，接触100个人才只能成交5笔

或者10笔生意。可见,被推荐是多么有价值。如果你学会如何成功地获得他人的帮助,尤其是权威者的支持,债务的流失率就会大大减小了。

然而,有很多销售人员在这方面做的却不太好,在面对强硬的客户时,不知道或者没有意识到要利用周边的人。或者说,即使能找到但又都是无足轻重的人,对客户没有太大的影响力。所以,在寻找第三方时,还需要注意很多问题。

那么,哪些人才是更有力的第三方呢?通常有以下4类。

(1)同命运的人

假如你的客户同时欠多方的债,那你无疑是幸运的,因为这些同命运的人都可能成为你的帮手。无论是专门相约,还是无意中相遇,如果遇到了这类人千万不要回避,也不要妄图隐瞒事实。而是想办法联合起来共同给欠款客户施压,比如,共同前往客户办公室,说明来意。

这是一种很有效的催款方式,因为客户不希望看到债主登门,这样做会搞砸别的生意,或者在亲朋好友面前没有面子,在这种情况下,一般会尽快还款。

(2)在业界较有威望的人

寻找第三方还是要找那些在业界有影响力的人。这些人首先是要有一定的影响力,比如,要有一定权力的人,有良好人缘的人,总之,在寻找目标中一定要找对你的催款有影响力的人。否则,不会对你的客户有任何影响,即使他说的话很对,很有道理,对方听了也会当作耳边风。

(3)私下关系较好的人

销售人员与第三者之间首先要有非同一般的关系,或买卖关系,或朋友关系,或亲戚。无论是什么关系,最重要的一点是对方愿意真心帮助你,以至于可以不计后果。这需要销售人员平时要与他们保持联系,或者有恩于他,对方基于报恩,在你需要的时候,对方才愿意大力相助,总之这是一个积累的过程。

(4)乐意出头的人

只有那些乐于助人的人,才能不计得失。也就是说,这些人对你的帮助往往是无私的，心甘情愿的，并且有一定的能力。如果能争取到这些人，对催款工作非常有帮助。只是在寻找时一定要用心，用自己的努力、人格魅力去打动对方。俗话说，人以群分，只有当你也成为乐善好施的人时，才能遇到更多这样的人。

在催款时想要快速地取得客户的认可，达成一致，就必须利用第三方的力量，这是一种捷径，对方的一句话可能抵得上自己说十句话。

技巧56 找到对方的弱点，趁虚而入

> 对于那些故意拖欠欠款、毫无底线的债务人。不必留情面，必要时候可以采取强力措施，以牙还牙，引导其犯错，然后抓住其弱点，趁虚而入，乘胜追击。

面对强大的竞争对手，销售人员要想占据主动，取得成功，就必须学会避实就虚，抓住债务人的劣势、弱点，或不可告人的"短"处，趁虚而入，以己之长攻彼之短，这样才会大大增加催款的成功率。

这类方法的核心在于，抓住债务人的弱点，攻击其薄弱环节，即使没错也可以找错，千方百计地设个圈套，人为地引导其犯错误，只要对方曾经犯过错误，或者有什么把柄，大可以好好利用进行要挟，但应注意不能触犯法律的底线。

那么，具体该如何做呢？可按照以下3个思路去做。

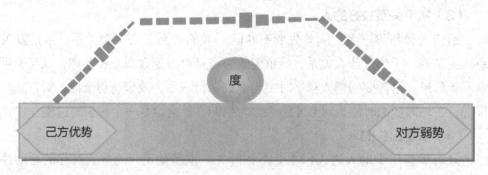

（1）明确债务人的弱势

找到客户的弱势，然后针对这些弱点和缺陷进行反击。每个人都有自己的弱势，销售人员要仔细揣摩，分析对方可能怕什么，怕什么来什么。同时要根据不同形势、不同性质、不同个性、不同环境等进行有针对性的分析，以便采取相应的对策。

（2）充分发挥自己的优势

销售人员一定要善于分析当前局势，善于发挥优势。任何人都有长处和短处，当得知对方的短处后，销售人员就应该充分利用自己的长处去击破对方的短处。万物都是相克相生的，既然对方已经想将赖账进行到底，那就无需再考虑对方的情面，瞅准时机，一击即中。

（3）把握好一个度，避免触犯法律

这种方法需要先设置圈套，挖造陷阱，引对方上钩，然后抓住其把柄，迫其乖乖就范。这个行为有"胁迫"的性质，稍不注意就可能触犯法律，这是绝对不允许的。可以为了达到目的，运用多种手段，但不等于不择手段，一切行为都必须在合法的前提下进行。

技巧57 获取客户承诺，准备打持久战

> 很多销售人员都有这样的感受，每次前去催款，客户方都是不同的人接待，每个人都有自己的一个说法，结果就是每个人都无法还款。这看似是巧合，其实这正是很多欠债人玩的伎俩——车轮战术。

对方采用"车轮战术"目的就是：想借此躲避债务。俗话说"一物降一物"，对于这种最有效的办法就是需要保持清醒的头脑、敏锐的判断力，洞察诡计之后及时揭穿，以挫其锐气。然后，想办法获得客户承诺，而且需要以书面的形式明确规定下来。

获取欠款客户的承诺函件，这是一种不得已的办法，是当确实无法收回全部

应收账款时的无奈之举。不过，这也为日后的催款持久战奠定了基础，具有十分重要的意义。既可以对欠款客户今后的还款行为起到一定程度的督促作用，也为维护自身的权利提供有力的法律保障，从而在很大程度上约束欠款客户故意拖欠的行为。

值得注意的是，在获取对方的承诺时，千万不要轻易相信所谓的口头承诺，有些人虽然信誓旦旦地承诺，但这种正是某些恶意欠款客户对你善意的利用，它很可能会使你陷于更大的被动之中。

所以，必须要求对方以书面的形式加以进一步确定，而且书写要规范、全面，符合法律规定。如表6-6所列。

表6-6　欠款客户欠款承诺函书写模版

1. 标题： 2. 内容： 　　因＿＿＿＿＿欠＿＿＿＿＿（人名）的＿＿＿＿＿款＿＿＿＿＿元（人民币）（大写）。如果债务人同意，还可以写上"此款应在＿＿＿＿＿年＿＿＿＿＿月＿＿＿＿＿日归还；逾期不归还，按日加收欠款总额＿＿＿＿＿作为违约金。" 3. 欠款人： 　　如果是个人则要求写全名，此名字应该是身份证上的名字，并加盖手印。如果是法人，则应该写出法人全名并加盖印章。 4. 欠款时间：＿＿＿＿＿年＿＿＿＿＿月＿＿＿＿＿日。

一般来讲，一份完整的书面承诺应符合以下6条原则，销售人员必须注意以下几点。

① 必须保证承诺人有能力为今后的账款负责。
② 说明无法按时还款的具体原因。
③ 正确列出未来的还款计划，以及全部还清欠款的最后期限。
④ 无法切实履行还款计划，以及无法还清账款的相应惩罚措施。
⑤ 如果承诺可以以抵押品还债，应写明相关担保人，并确保抵押品及担保人的有效性。
⑥ 除了欠款客户主要负责人的签名之外，还必须加盖其企业公章。

这种讨债方法是十分有效的，因为，这些承诺对欠债一方来讲，就像是条极不光彩的"尾巴"，会让其形象、信誉大打折扣，在种种压力下对方只有还款才是唯一出路。

技巧 58　以静制动，致命一击

> 对方来势凶猛，气势正旺，如果以硬碰硬，势必会吃亏，而且很难把其嚣张气焰打压下去。此时，就有必要运用"你凶我静，静观其变"的策略，使其"一鼓作气，再而衰，三而竭"。

"守则不足，攻之有余"这是战争中常犯的一大忌，其实，这就是不懂得以静制动。在双方对峙中，如果敌人处于优势，自己就要相对地少动点，与对方展开周旋，以消磨对方的体力、智力。当对方过度消耗之后，出现"衰竭"情况时，你的劣势就变为优势了。这时再发起攻击，取胜的把握就大多了。

在催款中，这种策略也同样适用。一些客户为了显示自己的实力，在一开始就表现得来势凶猛，气焰嚣张，企图从一开始就使对方处于被动地位，迫使对方接受其高要求。此外，有些人的口才、智力确实过人，语言表达流利而精彩，往往说的销售人员无言以对，让人防不胜防。

面对巨大的压力，销售人员可采用以静制动的战略，任凭欠款客户有再大的能耐，也好似一拳打在棉花上，力气再大也无法发挥作用。这种策略的具体做法是：当对方提出无理要求且态度又坚决的情况下，请其等待我方的答案，或者以各种借口来拖延会谈时间。这样拖延一段时间后，对方可能已信心大减，而在这一期间销售人员再以准备好的材料和收款策略与对方谈判，客户会由于耐心被消磨殆尽而同意还款。

静观其变、以静制动这一策略要求销售人员在催款的谈判中，千万不要急躁，沉稳自信，大胆设想。要做到这点先要做好以下3个方面的工作。

（1）倾听——认真仔细倾听对方发言

"雄辩是银，聆听是金"，催款过程中倾听是一种无声的交流，任何一名销售人员都要重视"听"，并在倾听的过程中不断地思考，以更好地了解客户当时的心理状态。那么，销售人员在倾听的过程中，首先有以下几个方面的问题应该注意。

① 对方说的是什么？
② 对方为什么要这样说呢？
③ 对方的话哪些值得相信，哪些不值得信？
④ 对方的话有没有其他言外之意？
⑤ 客户是想陈述一件事情，还是仅仅说说而已？
⑥ 客户的话中隐藏着什么潜在需求？如，拖延还款时间，企业没钱等。
⑦ 从对方的谈话中，分析客户下一步将会如何做？

（2）观察——注意对方的仪态姿势、言谈举止

催款不仅仅需要语言交流，也需要大量的肢体、面部表情的交流。对方在表达自己思想的时候总会辅助一系列的肢体动作和表情。所以，销售人员不仅要听其言，还要观其行，认真观察对方每一个细微动作，每一个表情。通过观察对方的言谈举止，捕捉其内心活动的蛛丝马迹，准确把握对方的行为与思想。也可以从对方的姿态、神情中探究其心理。

善于察言观色不仅可以判断对方的思想变化，决定对策，同时还可以有目的地运用语言传达信息，使催款向有利于自己的方向发展，并进而寻找对方破绽，攻击要害。这就是运用以静制动的关键。

（3）思考——静观其变，抓住机会

通过对方的言行，销售人员最终要进行总结，对客户的谈话去粗取精、去伪存真。尤其是客户提出的问题、异议，更要慎重对待。只有把客户的意见转化为自己的观点，才能真正地把握对方的真实需求。值得注意的是，对方在谈话过程中，不要随易抢话、插话，或者发现对方不同意见就急于反驳或者放弃聆听爱答不理。

这种策略的精髓在于以柔克刚，避免硬碰硬。当对方表现出较强的优势时，不要惧怕，也没有必要以硬碰硬，不妨让他充分表演，而作为被动一方的你完全可以靠平静的心态消耗他的体力，待其气势已尽，就可以从容不迫地发起反攻了。

第七章

降低赊销风险，将呆、死账扼杀在摇篮里

由于各种原因，欠款中总有一部分无法收回，最终形成呆账、坏账，直接影响到企业的经济效益。为了减少这部分费用的产生，销售人员需要对这部分欠款进行重点对待。

技巧 59　分析形成呆、死账的原因

> 呆死账的出现，使企业预期销售收入无法实现，经营成本、相关费用不能得到补偿，若数量较大还会严重影响到资金的正常回笼，直接威胁到企业的生存与发展。

顾名思义，呆、死账为应收账款无法收回的那部分。在企业经营过程中，呆、死账在所难免，但必须限定在一定的额度内，以保证不会对企业的正常运营造成威胁。可见，这种账款不宜过多，必须时刻控制。

那么，销售人员该如何尽量减少呆、死账的产生呢？首先需要分析其形成的原因，从根上防治。

呆、死账的形成原因很复杂，有企业自身的，也有客户一方的，有主观方面的，也有客观方面。下面就其主要原因进行分析。

客观：处理不好退货、折扣问题；应收账款被不明人员冒领；客户破产、倒闭、转行。

产生呆、死账的原因

主观：盲目追求业绩，故意绕开疑难账；对客户的经营状况缺乏关注；自身管理存在漏洞。

（1）主观原因

① 盲目追求业绩，故意绕开疑难账

有些销售人员为了暂时的业绩，在与客户对账的过程中即使发现了问题，也不及时解决和落实，不及时向相关领导汇报，更不会到客户公司或问题发生地进行实地调查，而是将问题放置下来，最后因为时间过长无法解决而不得不以呆、死账处理。

② 对客户的经营状况缺乏关注

有些销售人员不对自己所负责的客户进行拜访、巡查，导致对一些客户的变化情况不甚了解，或者盲目相信客户不付款托词，以至于对方已经关门停业、卷款逃跑都还浑然不知。即使能联系上客户，也因错过了追收账款的良机而不得不以呆、死账处理。

③ 企业自身的管理存在漏洞

这也是呆、死账形成的主要原因，如发货制度不健全、监督执行不得力、奖罚制度不严密等等。对方未收到货或对方退货自己未收到，都会造成应收账款无法收回。

（2）客观原因

① 退货问题

退货问题是产生呆、死账的主要原因，当发出去的货在客户方长期滞销时，应收账款往往无法收回。因为目前在很多领域，销售方有权全部退回长期滞销的货，而且无需支付任何费用。这部分退货重新返回公司基本上处于报废状态，虽然账面上应收账款进行了处理，但和呆、死账一样造成了很大的损失。

② 折扣问题

部分呆账是为了创造收入而发生的必要费用，比如，为了销售商品给予客户的折扣。这部分款项在财务上是归入"费用"一项的。即使这部分费用没有转化为利润的可能性，这部分费用却不幸成了呆、死账。

③ 客户破产、倒闭、转行

由于客户转行、改制、关停等原因，致使原账目无人负责核对，互相推诿付款责任，甚至找不到相关负责人，造成应收账款无法收回。

④ 被恶意冒领

应收账款被不明人员冒领、客户恶意欠款、经营不善无力支付等情况，也导致应收账款无法收回。这些问题的发生都反映出客户在经营、财务管理上存在着的严重问题，而销售人员又未能先行对客户进行信誉考评，及时发现对方经营情况的变化。

技巧 60 对客户风险进行权衡鉴别

> 企业的赊销行为是有风险的,且这种风险与客户信誉度有关,信誉度越高风险越低。因此,对客户信用进行鉴别,是降低风险最有效的方式,也是寻找优质客户资源的一个过程。

是否赊销,大多数销售人员最常用的一个标准就是看这笔赊销款的风险大小。而风险常常是根据客户企业的经营状况、信用度等进行预估得出的。通常来讲,需要先经过调查分析,然后针对不同风险级别再决定赊销额度,以减少应收账款的损失。

那么,销售人员如何对客户风险进行分析呢?具体实施步骤如下。

(1)对客户信息情况进行调查

在对客户进行初步了解的基础上,运用相关方法对其进行信用分析和计算。如,采用加权平均法,具体算法如表7-1所列。

表7-1 客户信息调查内容

内容	加权得分	权重	评分
通过与客户的日常接触			
通过实地走访客户			
通过同行业或相关行业的了解			
通过公共信息渠道了解			
通过行政部门了解			
通过宣传资料了解			
信用得分	各项内容加权得分×权重之和		
信用等级			

（2）对客户企业产品、品牌、价格等进行调查分析

对客户企业产品、品牌、价格、运营状况，以及与同类型企业的相关数据进行分析比较，从而对客户企业经营效益进行评估，以此来确定风险的大小和程度。具体评估方法如表7-2所列。

表7-2 客户企业经营效益评估表

内容	产品名称	市场份额	价格	年销售额	品牌影响力	其他
评分						
权重						
得分						

（3）用销售量确定赊销额度

以客户的上个月度（或季度）订货量为基本数额，以行业标准信用期限为参数，计算赊销额度的一种方法。客户历史付款记录或客户风险级别作为修正参数。风险修正系数如表7-3所列。

计算公式：信用限额=季度订货量×标准信用期限/90

赊销额度=信用限额×风险修正系数

表7-3 风险修正系数（风险级别）

风险级别	修正系数
AA	100%
A	80%
BB	50%
B	20%
C	10%
D	0

（4）确定每个客户相应的风险等级

根据得分情况确定每个客户相应的风险等级，等级可分为A、B、C三等，三个等级的客户风险呈逐渐递减趋势，具体如下图所示。

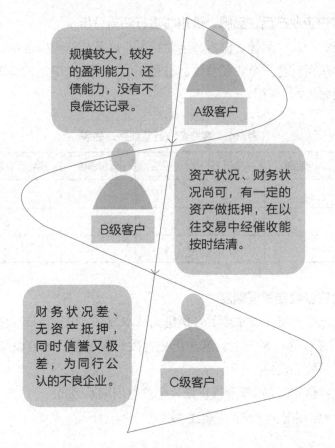

需注意的是，信用等级并非一成不变，最好能根据客户信息资料的变化情况随时调整，以便信用等级的变动与客户的最新变化保持一致。

对于不同风险等级的客户，企业就要采取不同的销售策略、结算方式。同时，对三类客户违约后的催款政策也应该有所区别。

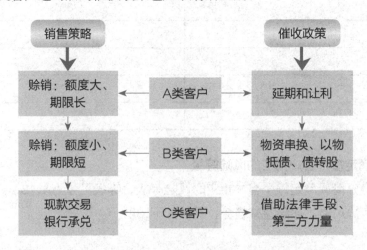

（1）销售策略

A类、B类客户皆可赊销，只不过在赊销额度、期限上要有所区别，赊销额度可根据收益与风险对等原则来确定。信用期限可根据行业惯例、企业收益与成本之间的关系而定。对于C类客户，一律采用现款交易或采用银行承兑汇票方式进行结算，决不能为了单纯地提高销售额而去迁就客户，或答应客户提出的不合理要求。

（2）催收政策

对于A类客户，一般采取延期和让利的策略，是延期还是让利，则要根据实际情况而定，总之需经有关部门或主管领导权衡再做处理。

对于B类拖欠，可以采取物资串换、以物抵债、债转股或要求客户采取一定的补救措施，如可适当延长还款期限但需加收一定的逾期补偿等，协助客户渡过难关。

对于C类拖欠，应采取包括法律手段在内的策略，如借助有权威的第三方进行调解，由仲裁机关仲裁解决等。

技巧 61 调查客户并形成文字报告

> 企业信用报告，是按照人民银行发布规范要求设计的，在实际操作中需要严格执行的文件体系。是销售人员评价欠款企业信用度的主要材料，也是判断是否对其进行赊欠的主要依据之一。

企业信用报告是在深入调查客户经营状况、财务状况、股东、领导人背景的基础上，经过客观分析形成的文字报告，有利于准确掌握合作伙伴、目标客户的更多信息。为提前制订应对措施，主动调整催款方式，规避风险，以及未来可能走法律途径提供事实依据和法律支持。

一份完整的信用评价报告通常由四部分组成，分别为封面、概述、正文、附录（见表7-4）。

表7-4　信用评价报告组成部分

组成部分	内容
封面内容	企业名称、报告编号、制作机构、制作日期及机构的联系方式
概述	企业基本信息、主要财务数据、信用等级、评级观点、主要优势、风险揭示、评估人员、评级机构的联系方式
正文	企业概况、经营分析、财务分析、发展前景与预测和评级结论
附录	总评级安排、评级机构声明、信用等级释义、3年内比较资产负债表、比较利润表和比较现金流量表

在整个报告结构中，正文是重点部分，也是撰写时最困难的地方。主要包括企业概况、经营分析、财务分析、发展前景与预测以及评级结论五大板块。具体内容如下所示。

企业信用评价报告正文部分撰写技巧

企业概况的撰写：包括基本信息、公司治理与组织架构、内部控制、核心管理及技术团队和评价。

❖ 基本信息可从调查中获得企业资料，或网上收集相关资料。

❖ 公司治理与组织架构包括股权构成信息、增资和验资情况，分析主要股东背景、实力及产业，组织结构最好以结构图的形式表现。

❖ 内部控制可根据企业特点。资金、资产、信息各个控制程序、制度的制订和执行情况。如制订了哪些制度，落实情况怎样等。根据企业提供的资料填写。

❖ 核心管理及技术团队首先主要从高管人员学历、职称、从业经验和获得荣誉来阐述；其次是从业人员素质；再次是人力资源管理制度和落实。

❖ 评价，针对上述分析内容进行综合评价。

经营分析的撰写：包括经营环境、经营状况、优势与不足和评价。

❖ 经营环境包括行业发展政策，国家、地方出台的相关政策，市场总体发展水平，竞争程度，以及上下游产业发展情况等等。

❖ 经营状况包括企业收入、利润的总体状况，客户群分析，对个别或几个客户的依赖度分析，产业集中度及各产业发展现状，对企业贡献度分析等等。

❖ 优势与不足主要从行业地位，具备的在职人员、技术、服务、市场占有、资质、产品、资本规模、销售渠道等各项资源方面的优势分析。

❖ 评价，从上述分析内容进行综合和评价结论。

财务分析的撰写：包括分析依据、资本实力、偿债能力及信用、经营能力及效益和评价。

❖ 财务分析主要是审计报告的披露内容，如果没有审计报告，就写"提供三年未经审计的财务报告…"。

❖ 资本实力主要从股东背景、资本规模、可利用的外部潜在资源、资本营运状态、无形资产等的现实估价、行业地位等方面阐述。

❖ 偿债能力及信用主要从债务分析（包含报表债务）、资产流动性以及质量分析、现金流分析和历史信用记录几方面分析。

❖ 经营能力及效益是主导业务的稳定性分析；成本、费用管理能力分析；资金周转效率分析和资产收益分析等等。

❖ 评价，从上述分析内容进行综合评价。

发展前景及预测的撰写：包括发展战略、机遇与风险和评价发展战略企业经营、管理、财务、市场等发展战略；近期拟采取的措施和手段；可行性评价。

结论的撰写：结论是前述内容的综合，按照指引相关内容根据企业实际情况分析阐述，而且要与释义相一致。

技巧 62 善用指标对客户信用进行评价

当对客户的信用度进行调查分析后，接下来的一个主要任务是建立客户信用评价模型。即销售人员要在此基础上建立自己的信用评价标准，计算客户信用高低，以更好地指导催款实践。

对客户信用的评估，由于受到评估方式、样本数据等影响，准确度是不够的，因而常常需要一种更加稳固、更加有效的评估方式。这便是本节所要讲的信用评估模型。

信用评估模型是近年来兴起的一种专业性、针对性更强的信用评价标准，原本是银行和金融机构为保障金融安全而设立的一种关于人身金融权限的划定模型。可根据客户的信用历史资料，利用一定的信用评分模型，得到不同等级的信用分数。然后再根据客户的信用分数，来决定客户所可以持有的金额权限，从而保证还款等业务的安全性。

就销售催款而言不必完全按照这个模式进行，比如，根据欠款客户企业的不同情况进行，选取有针对性的评价指标，加权平均计算得出。如果条件允许，可借助相关软件计算，没有条件也可以采用人工计算的方式得以实现。

值得注意的是，销售人员在计算之前，需要搞清楚以下3个指标。

（1）客户信用度评价指标

是指客户履约或赖账的可能性，主要通过了解客户以往的付款记录进行评价，具体如表7-5所列。

表7-5 客户信用度评价指标内容

收账天数：自开具销售发票，交付提货单日起，至收到银行进账单，货款实际到账日之间的天数。
过期款次数：即不按照规定的付款条件付款的次数。

（2）客户购买力评价指标

主要是指客户目前或将来对产品进行购买，或内消化的各项能力总和。具体如表7-6所列。

表7-6 客户购买力评价指标内容

购买力：即用户吸纳企业产品的能力，以赊销用户的吸纳量占企业总赊销量的百分比表示	边际贡献率：即用户对企业提供的边际贡献率=（产品销售收入−产品销售成本）/产品销售收入
货款支付能力：即评价客户的偿债能力，包括流动比率和债权人保证比率。（流动比率=流动资产/流动负债；债权人保证比率=净资产/流动负债）	客户吸纳企业产品的稳定性：用以反映"他的客户"对"他的销售"的依赖程度。通过计算客户每月购买量占平均购买量的比例，以该比例在80%~120%之间的次数作为加分条件

（3）客户发展潜力评价指标

主要是指客户的财政力度：反映客户的经济实力，是客户偿付债务的最终保证。评价标准具体如表7-7所列。

表7-7 客户发展潜力评价指标内容

注册资金
指客户的经济运行情况：包括获利能力、商业活动潜力等
销售利润率（销售利润率=税前利润/商品销售收入）
客户发展潜力
经济性质，以是否"国有"作为加分条件

技巧 63 充分利用企业信用管理部门

> 企业信用管理部门负责对客户进行风险管理，其目的是防患未然。动态监督客户尤其是核心客户，了解客户的资信情况，建立客户资信档案。销售人员作为催款人员，有必要利用信用部的这些职能，对客户信用实施自主管理。

随着现代企业制度的形成，很多企业开始建立客户信用管理部门，进一步对客户信用进行管理，强化其信用度。信用管理部门是客户信用管理体系的主管部门，其主要职责是建立信用制度、管理客户信用档案，完善客户信用体系。

为了增加回款的有效率、加速资金周转率、改进与客户之间的关系，增强应收债款的稳定性、实效性，销售人员要学会充分利用自己企业的这些优势，借助信用管理部门进行催款。

（1）明确信用管理部门的功能

客户信用管理部门具体可以有3个职能部门：战略模块、信息分析决策与管理模块、追账与法律事务模块。

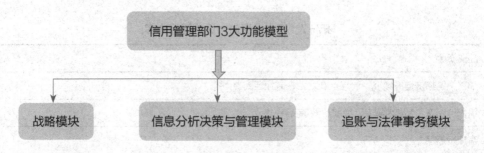

（2）与信用管理部门相关人员保持良好的关系

按照正常的工作流程，信用管理部门人员包括信用总监、信用经理、分部主任、资深信用分析员、信用助理等。但并不是所有的人员都对你有用，作为一线销售人员接触较多的还是资深信用分析员、信用助理等基层工作人员，要先学会与这部分人搞好关系。

人员配备原则：

❖ 赊销总额小于8000万，赊销客户小于200个，设1名信用经理，其他人员1名。

❖ 赊销总额大于8000万，赊销客户大于200个，设1~2名信用经理，其他人员2名以上。

❖ 规模较小的企业设1名专职人员或由财务部、销售部某岗位人员兼职，行使信用管理职能。

不同行业、不同规模、不同需求的企业，信用管理部门的规模也不尽相同。在与信用管理部门的人员打交道时，除了要考虑赊销总额、赊销客户数外，还必须考虑客户的订货频率及对发货的时间要求，根据具体情况确定合适的人员。

（3）利用部门制订的信用政策、规范等

政策、规范是企业文化的一种外在表现形式，也是接受对方信任的基础；丰厚的文化底蕴是信用赖以形成的基础；制订出与实际相符的信用政策、规范。信用政策、管理的设计应解决好以下4类问题。

信用管理设计应解决的问题：
❖ 信用管理部门在企业的整体组织设计中如何定位。
❖ 信用管理部门的内部组织设计应如何安排。
❖ 如何采取有效的激励与约束措施，处理好信用管理部门和其他部门之间的关系。
❖ 如何保证信用风险管理职能得到发挥的同时，又不伤害销售和财务部门的积极性。

（4）配合部门进行动态管理

受经营环境的影响，客户的信用状况并不是一成不变的，其动态管理必须及时更新。为此，销售人员有必要协同信用管理部门及时更新客户信用档案内容，定期或不定期对客户进行资信调查。其调查的渠道和内容如下。

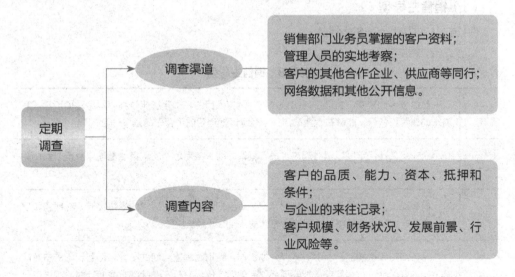

只有持续不断地与客户往来，持之以恒地做资信调查，才能了解客户的最新动态，及时更新企业信用档案内容。

值得注意的是，以上几点既不能照搬现成经验，也不能按照某个固定模式生搬硬套，而应依照自身企业的现实，结合欠款客户的债务特点而进行。

技巧 64 明确信用管理部门的类型

> 信用管理部门作为企业中的一个主要部门,与其他部门存在着千丝万缕的联系。根据与其他部门的关系,信用管理部门会延伸出多个类型。

根据部门主业务的不同,职能不同,信用管理部门可分为多个类型。如何选择适合的类型,要根据自己债务的实际情况、优点和缺点而行,有时甚至需要多个部门同时配合进行。

（1）销售主导型

销售主导型如表7-8所列。

表7-8　销售主导型

1	管理水平比较高、管理思想比较先进,销售人员的基本素质比较高,本身对信用管理有清晰的理解和认识,能够在销售的过程中有意识地运用信用管理的基本理念
2	企业文化已经牢固地建立起来,员工凝聚力强,信用思想的教育、灌输以及植入都比较容易接受
3	销售部门主管有较强的信用风险意识,不会把销售额作为追求的最终目标,在销售和信用决策出现冲突时,能够从公司的全局出发,理智地做出抉择
4	财务部门和销售部门能够进行良好的合作,特别是销售部门的主管和财务部门的主管能够进行良好的合作。销售部门能够借用财务部门在信用分析、决策等方面的技能,改进自己的思路,优化自己的方案

（2）财务主导型

财务主导型如表7-9所列。

表7-9 财务主导型

1	财务部门在公司中不仅发挥着财务会计的功能,而且发挥着管理会计的功能,财务部门的指令能够在一定的程度上对销售部门发挥作用。财务部门拥有较强的调配公司资源的权力
2	财务部门的主管有较长时间的销售背景及比较开阔的管理视野,而不是局限于账目的处理
3	财务部门和销售部门能够进行良好的合作,特别是销售部门的主管和财务部门的主管能够进行良好的合作
4	财务部门能够充分利用销售部门关于客户的信息、关系等重要资源

(3) 独立型

独立型如表7-10所列。

表7-10 独立型

1	财务部门的地位、影响力比销售部门弱,财务部门仅仅充当一个记账的部门,一个信息汇总的机构,而对公司的决策起不到影响作用,只能够发挥管理会计的功能
2	公司的信用管理意识比较薄弱,销售部门将销售量作为追求的主要指标。销售人员的基本素质不高
3	销售部门将自己看作公司的最有功的部门,常常不能和其他部门很好地协作,尤其是和财务部门的协作不理想

(4) 委员会制

委员会制如表7-11所列。

表7-11 委员会制

1	委员会制通常适用于金融机构与特大型企业。企业每天都会面临诸多风险的挑战,风险是企业日常管理中要解决的重要问题,有效的风险管理是该机构或企业生存的基本条件之一
2	委员会制适用于整合风险管理战略,整体意识强,化解风险的能力强
3	委员会制适用于企业信息化程度较高的企业,能够快速地处理信用风险,并实现快速的传递

技巧 65 规范申报流程，减少赊销随意性

> 企业信用风险主要是管理上缺少规范和控制造成的。其中，较为突出的是对客户赊销额度和期限的控制。因此，只有规范内部管理，才能实现在赊销的同时，把信用风险降至最低。

有些销售人员在给予客户赊销优惠时随意性很大，很多时候仅靠主管部门的建议，或根据自己的经验、与客户的交情而定，结果往往陷入被动，被客户牵着"鼻子"走，赊出去的货款很难要回来，这就是"人治"的后果。

赊销行为仅靠"人治"是不够的，也要"法治"，以企业完善的制度和规章为依据。据统计，美国企业赊销额占销售总额的90%以上，但坏账只有0.5%，只相当于中国企业坏账的1/20~1/10；美国企业能实现如此卓越的成绩，主要归功于企业内部都有一套完善的企业信用管理机制，实现了由"人治"到"法治"的转变。

企业的赊欠应该减少人为性、随意性，严格按照制度、规范进行。这就需要销售人员要严格按照企业的规章、赊销、催款的法定流程行事。具体流程有4个步骤，如下图。

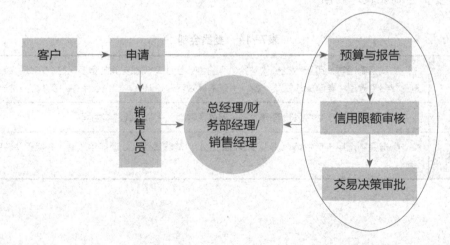

（1）提出申请

对客户赊销，需向企业相关部门提出申请，只有当企业对申请材料核查确定后才可以行事。如，哪些客户可以享受信用、享受多少，然后根据核定的额度向不同客户发放不同额度和时限的信用。销售业务人员的权力是向主管申报，各级主管依据企业制订的不同权限确定信用。

（2）预算与申报

进行赊销之前，销售人员必须有精确的预算，并对可能产生的后果进行预估，最后形成文字报告提交上级部门批准。

（3）信用限额审核

信用是企业向客户进行赊销的主要依据，这就要求销售人员必须真正、全面地了解客户的信用度，并获取相关资料进行佐证。同时，仍需以文字报告的形式上报上级部门（总经理／财务部经理／销售部经理）批准等，对此任何部门无权越级审批。

（4）交易决策审批

明确划分每单账款责任范围，确保企业发放信用责任到人，销售人员对每个客户在各个时段的欠款应由具体业务经办人员负责；明确规定对超越权限形成应收账款和坏账；隐瞒、变更应收账款；不按程序办事形成应收账款和坏账应负的各种责任。

技巧 66 协助企业部门核销坏账

> 按规定，对确实不能收回的各种应收款项，在清查、核实的基础上，应当作为坏账损失申报财务部门及时处理。销售人员作为债务的直接收取人，有义务配合企业进行坏账核销。

坏账的产生是不合理赊销的必然结果，不过在整个赊销费用里属于很小的一部分。为了减少损失，企业会根据配比原则将坏账进行转化或处理。比如，生产、经营期间产生的坏账可作为本期损益处理；清算期间产生的坏账可作为清算损益处理。处理后的坏账，根据税法的有关规定按照会计制度规定的方法进行核算。

企业对坏账的处理方式通常有两种，一种是直接核销法，一种是备抵法。销售人员可根据坏账的性质，分门别类地向企业申报，同时尽量地减少坏账率。

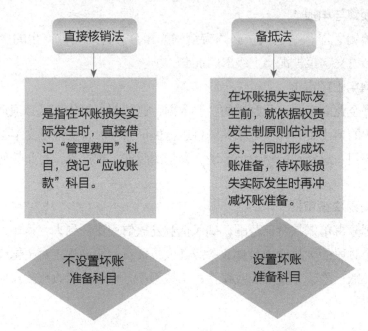

用备抵法处理坏账时具体账务如下：

"坏账准备"科目应设置为："应收账款"、"其他应收款"，借方反映坏账准备的转销数，或已收回的年度确认并转销的坏账，贷方反映坏账准备的计提数，会计期末时该科目如有余额，一般为贷方余额，表示已计提但尚未转销的坏账准备数额，如表7-12所列。

表7-12　备抵法坏账账务会计分录

借： 坏账准备	贷： 应收账款 （其他应收款）	余额（贷）
表示：坏账准备的转销数已收回的年度确认并转销的坏账	表示：坏账准备的计提数	表示：已计提但尚未转销的坏账准备数额

相比较而言，备抵法更符合配比原则与谨慎性原则，因而受到青睐。备抵法又分为赊销百分比法、欠款余额百分比法和账龄分析法，三者各有优缺点，对这些方法，不同的人有不同的偏好。

> （1）赊销百分比法
> ❖ 优点：不论各年实际发生的坏账如何，只要赊销业务收入波动不大，坏账损失费用就将保持平稳。
> ❖ 缺点：在"坏账准备"账户中一并核算各期的坏账准备金额、实际发生的坏账损失以及前面已确认的坏账收回，而在期末时，又不做调整，不能分别反映各个时期的坏账准备金额。
> （2）欠款余额百分比法
> ❖ 优点：简便实用，而且比较直接地表明了应收账款的估计可变现金额的优点。
> ❖ 缺点：坏账准备的计提并未考虑账龄的长短，坏账损失并不反映其应归属的会计期间，即坏账损失与其相应的营业收入将分别在两个不同的会计期间入账，从而使各期的损益计算不够准确。
> （3）账龄分析法
> ❖ 优点：能估计出应收账款不能变现的数额。
> ❖ 缺点：不完全符合配比原则，因而可能会影响到净收益的正确性。

值得注意的是，在具体的实行过程中，不能单一地以方法的优劣决定是否采用，而应结合以下3个方面内容再做决定。

1）准确地判断是否为坏账，坏账的核销至少应经两人之手。准确地判断坏账及其多寡并不是一件容易的事情，而两人以上的经手为防止舞弊提供了可能。如某位销售员对已收回的欠款装入自己的口袋而向上级申报为坏账。

2）在欠款明细账中应清晰地记载坏账的核销，对已核销的坏账仍要进行专门的管理，只要债务人不是死亡或破产，只要还有一线希望都不能放弃。同时还为以后的核对及审查留下信息。

3）对已核销的坏账又重新收回要进行严格的会计处理，先做重现欠款的会计分录，后做收款的会计处理。这样做有利于管理人员掌握信息，客户希望重塑良好形象的愿望。

技巧 67　协助企业做好危机预警防范

> 完善的危机预警机制能最大限度控制客户的信用风险。顾名思义，客户信用危机预警是预防客户信用的一系列制度，从先兆中预测到危机，并提出防范危机的举措。

危机在于预防，预防永远比抢救重要，客户信用问题必须依赖于一套行之有效的危机预警机制。那么，企业该怎样制订客户危机预警机制呢？总体来讲，可从以下4个层面入手。

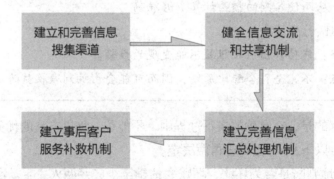

（1）协助建立和完善信息搜集渠道

信息的搜集是客户危机预警机制建立的前提，因此，销售人员必须先建立、完善自身的信息搜集渠道，搜集大量的有效信息做保证。具体来讲，应该做好以下3个方面的工作。

> ❖ 树立信息共享、协作意识
>
> 深入对市场调查分析，加强对信息情报的收集，包括收集竞争对手的经营动态、经营策略、经营方式，经常组织专题分析，制订出有效的竞争策略。

❖ 及时了解客户动态

对客户信息进行动态跟踪,绘制相关的变动图表,并对变化情况进行深入分析,建立起完善的客户流失预警体系。

❖ 以快制快,以变应变

根据市场形势,随机应变,迅速制订多种有效的防范和挽救措施,市场一有异常情况,可立即启动相关预案。

（2）协助健全信息交流和共享机制

信息交流和共享机制包括建立和完善信息交流、信息共享、信息反馈,这是客户信用预警机制的必要部分。然而,有些企业销售人员与客户之间缺乏必要沟通,从而使得信息无法共享,有的偏重信息的量,不重视信息的深度分析和挖掘,造成了信息资源的浪费。

这就需要销售人员这样做：

① 加强对欠款现状的分析,获得准确、科学的数据。

② 对可能造成的损失进行估算,得出结果。

③ 将上述情况及时反馈到企业服务部门,迅速得出应对策略。

（3）协助建立事后客户服务补救机制

客户服务补救机制是避免客户流失的重要手段,无论工作做得如何出色,服务如何到位,总有一些客户会流失。为了挽回客户的流失,必须主动采取补救措施,以便以后能吸引客户回头。

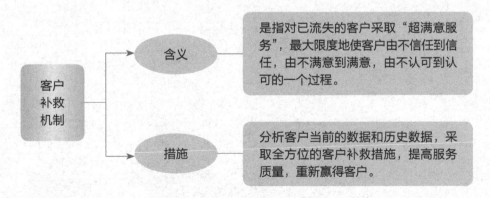

（4）协助建立和完善信息汇总处理机制

客户资料、渠道建设虽然建立了,但不加以完善和处理,也很难发挥其应有作用，从而影响对客户信用进行评估的质量。所以，销售人员有必要协助相关部门建立为客户提供一揽子解决方案的系统流程，加强对客户信息的收集、处理、分析和汇总工作，建立信息收集、处理和定期报告的制度。为经营决策人员提供第一手的翔实材料，为决策者正确决策提供有力的依据。

第八章

签订合同，
减少不必要的法律纠纷

合同是对债权债务双方当事人具有约束和规范作用的法律性文件，是债务得以履行，权利得以保护的基本保障。因此，在决定进行赊销之前，必须与对方签订正式的债务合同，并根据交易的实际情况，对其细节、特殊条款做明确规定。

技巧 68　与客户签订正式合同

> 在进行赊欠之前,销售人员必须与准客户签订正式的合同。这是规定双方权利和义务的唯一合法文件,也是当纠纷发生后,进行诉讼的主要依据。

签订合同是保证当事人进行协商、达成合意的过程。这一过程必不可少,因此,对销售人员来讲,签订正式合同是不可忽略的,为了更好地完成合同签订工作,需要清楚合同的构成。

一份完整的合同通常包括以下内容。

(1) 当事人的基本信息

签订合同时当事人的基本情况一定要填写准确,且需用全称。具体姓名、性别、职位、地址以及联系方式等。当事人具体可分为两大类:一是个人,二是企业,在填写基本信息时有所差异,具体如下图所示。

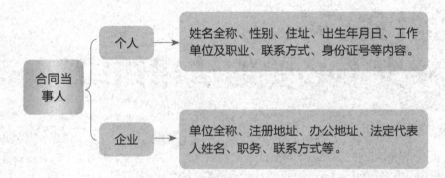

合同当事人是否明确,关系到合同的当事人是谁,发生诉讼时谁是责任人,谁有资格参与到诉讼或纠纷当中(应明确规定,没规定的则为双方当事人),以及哪家法院对案件具有管辖权(通常为当事人所在地)。

值得注意的是，合同的签署人与执行人理论上应保持一致，比如，具体经办人、授权代表或负责经理等。但在合同的履行过程中由于相关经办人离开原单位，客户单位拒不认可签署的文件时，合同的效力将发生争议，为避免上述情况发生，建议在签合同时加上这样一条，明确经办人的权限。

"本合同的具体经办人是某某某、男（女），经办人的签字样本是：×××，该经办人在履行本合同过程中有权代表本公司签署文件，永远具有法律效力。"或者要求对方提供企业的授权委托书，明确该经办人的签约权利。

（2）合同标的

合同的标的是指双方权利义务所指向的对象，即双方指定的交易物品。在合同中，标的物的情况是主要内容，必须写清楚。比如，产品名称、数量、规格、外观尺寸、颜色、光洁度以及内在的技术要求等。对于这部分内容，除了文字说明以外，必要时还需要用精确、清楚的图或表来表达。

合同标的范围非常广，可以是现实存在的，也可以是将来产生的，比如，尚未出生的动物幼仔、生长中的农作物。

对于法律明文禁止的物品，不能作为买卖标的物，并且要在合同中特别注明，按照我国现行的法律规定，包括以下5类，

（1）专属国家或集体所有的财产，如矿藏、森林、山岭、荒地、滩涂、土地所有权等。

（2）受国家保护的珍贵动植物。

（3）伪劣产品。

（4）未使用注册商标的人用药品、烟草制品。

（5）迷信、淫秽、走私物品、毒品、武器、弹药等法律禁止流通的物品。法律限制流通的物品只能在限定的领域流通，如枪支弹药的买卖。

同时，还应对标的物的数量和质量进行明确规定。标的物质量是指必须达到什么样的质量标准，比如国家标准、行业标准还是企业标准等。

标的物的数量要准确，包括数字和科学的计量单位，不仅要使用双方一致认

可的计量单位,还要确定好双方一致认可的计算方法,否则容易出现纠纷。

(3)价款

标明价款的时候,要写清楚单价和总价,如表8-1所列。

表8-1 价款的相关内容

名称	价款			
货物B	单价	单价	总价	总价
货物A				
货物C				

在合同履行过程中,如果由于客观因素造成产品供货价格的变动,需在合同内说明。包括如何进行价格调整,是合同签订的时间还是双方重新约定时间以及新价格如何计算。

(4)履行期限、地点、方式

履行期限、地点和方式如表8-2所列。

表8-2 履行期限、地点和方式

类别	注意事项
期限	明确具体某天,最好能用日历上的日期来确定
地点	要准确到某省某市某区某路某号院内
方式	双方要协商出具体明确的方式和采取的方式方法

(5)违约责任

设置这一条款的意义在于可以促使当事人尽快履行合同,在发生纠纷时将损失减少到最低,所以有必要在合同中明确约定。

不能忽略责任和义务,特别是违约应承担的责任。这样,无形中解除了双方应负的责任,架空了合同或削减了合同的约束力。即使有时候规定双方各自的责任、义务,但由于条款不明确,文字含糊,模棱两可,也无法追究违约责任,执行时往往争议纷纷,扯皮不断,甚至遗患无穷。

因此,关键词句要谨慎推敲,不能含糊迁就,有时仅一字之差,就"失之千里"。

(6)解决争议的方法

合同争议的解决方式有协商、调解、诉讼和仲裁等方式,这在后面章节将会详细阐述。

不论采取何种方式,在合同中应该明确进行的先后顺序,需要指出的是,在以诉讼解决争议时,按照法律规定双方可以在合同中约定选择在甲方所在地,或乙方所在地进行。具体哪一方需要在合同中予以明确。

(7)当事人的其他约定

除了履行合同中约定的义务和法律的强制性义务之外,双方还必须履行合同的附加义务,比如声明保密、声明真实等。还可以在合同中承诺不另行委托他人或变相允许他人参与,可以约定送达文件的方式。

(8)合同的附件

是指与合同有关的图纸、技术资料、国家标准、批文等,应当是合同的组成部分,作为合同附件,在合同中要加以注明。另外,双方的营业执照复印件、身份证复印件及授权书等,虽然不是合同的一部分,但亦与合同有关,作为合同的组成部分,可列在合同之后。

技巧69 合同特殊条款如何界定

> 合同条款是合同的主体,来不得半点含糊,因此,销售人员在签订合同时务必慎之又慎。要明确规定双方应承担的义务、违约的责任。签订合同时应当严格审查合同的各项条款,有条件的不妨向专业人员咨询。

合同的有效性以及质量高低,很大程度上取决于合同条款的全面与否。为了更好地保护企业和自身的利益,销售人员在与客户签订合同时必须注意合同的条款问题,一要合法,二要全面,尽量涉及所有的权利和义务,这些常规条款已在上节阐述清楚,此节重点提一下合同中的特殊条款。

特殊条款是为了避免日后出现纠纷,双方一致同意而约定的,除合同常规条款外的条款。具体来讲有以下4种。

（1）CS条款

CS条款，又叫约定信用监督条款，根据该条款的约定，如果发生纠纷，当事人有义务先按照《ICE8000内部投诉规则》进行投诉。在投诉过程中当事人不得提起诉讼、仲裁、行政举报等，不得向报纸、网络等媒体进行投诉，或进行其他任何形式的曝光。

这种约定，使当事人传播信用信息只能按照ICE8000规则进行，某种程度上保护了自身的信息安全和利益。

因此，在合同中有必要约定这一条款。

> **CS条款**
>
> 即："本合同遵循诚信的原则签订并执行，一方失信违约，另一方有权按照《ICE8000国际信用监督体系公开投诉规则》，在国际信用监督网（www.ice8000.org）和其他媒体进行公开投诉；也有权按照《ICE8000国际信用监督体系的永久曝光规则》，将失信违约事实在国际信用监督网（www.ice8000.org）和其他媒体上永久曝光。"

（2）合同签订的条款

这是一条非常重要，却又是最容易被忽略的条款。很多销售人员在诉讼中都遇到过这样的情况：在客户方所在地的公安机关报案时，发现对方公安机关没有管辖权，如果在己方公关局报案，却又违背合同当时签订的条款。这时，就陷入了诉讼无门的局面，其实，这正是很多投机分子利用管辖权条款精心设计的合同陷阱。为了避免这种情况出现，就要在合同中明确合同的签订地点和合同的履行地点。

根据最高法院的司法解释，合同签订地的相关规定如下。

合同签订地点		
	双方约定的	以双方在合同上约定的地点为准
	双方未约定但不在同一地方的	以合同上签字、盖章的为准
	双方未约定且在同一地方的	以在合同上双方共同签字、盖章的为准

（3）约定所有权保留条款

作为销售的条件，供应商可以规定保留货物的法定所有权，直到购买者付清全部货款后所有权才转移给购买者。

在英国，销售合同中的所有权保留条款被称为罗马尔帕条款，它源自于1976年的一个重要的法庭判例，这个判例被全世界广泛应用。所有权保留条款可以有限地预防对方的破产清算风险，随着我国市场经济的发展与规范，破产清算也会渐渐增多。

但是，所有权保留条款也有其局限性，具体内容如下所示。

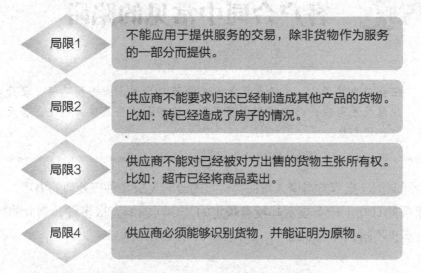

（4）约定担保条款

合同需要按照《中华人民共和国担保法》的规定注明担保条款。尽管很多时候客户没有能力、意愿提供担保，但这条也不可忽视。而且在合同里增加"担保条款"，重在提醒客户，尽量避免违约。

在约定担保条款中要注意以下3点，如表8-3所列。

表8-3 约定担保条款中的注意事项

担保方式要明确	一般保证和连带责任保证	双方没有约定或者约定不明确的，保证人应承担连带保证责任
担保范围要明确	主债权及利息、违约金、损害赔偿金和实现债权的费用	双方对保证担保的范围没有约定或者不明确的，保证人应当对全部债务即上述所有项目承担责任
担保期限要清楚	一般保证的保证人，保证期间为主债务履行期届满之日起6个月内；连带责任保证自主债务履行期届满之日起6个月内要求保证人承担保证责任	在合同约定的保证期间和前款规定的保证期间，债权人未要求保证人承担保证责任的，保证人免除保证责任

技巧 70　客户合同中常见的陷阱

> 在合同的签订中，无论是销售人员的疏忽大意，业务不熟练，还是客户方故意设置陷阱，总会留下很多漏洞。这些漏洞将是重大隐患，甚至直接导致合同无效。

合同漏洞，指双方当事人对协商订立的合同欠缺某种应处理的事项，或者在某种事项的订立上应有规定却没有规定的。合同漏洞有很多种，划分的标准不同，分类也不同，详见下图。

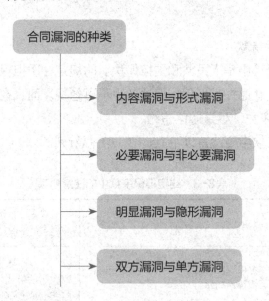

（1）各种漏洞的具体阐释

① 内容漏洞与形式漏洞

根据疏漏条款的形式不同，可以分为内容漏洞和形式漏洞，如表8-4所列。

表8-4 内容漏洞与形式漏洞对比

比较对象	内容漏洞	形式漏洞
含义	是指合同的内容欠缺必要条款	合同的形式不符合法律的规定，遗漏使合同成立与效力的事项
表现	在买卖商品的合同中未约定履行的方式	规定须经双方签字、盖章方能生效的合同，只签字而未盖章，合同的订立地点和时间不明确
区别	合同内容关乎当事人双方权利义务的承担，容易引发争议	合同形式仅对合同纠纷的诉讼或仲裁有意义，较少引起纠纷

② 必要漏洞与非必要漏洞

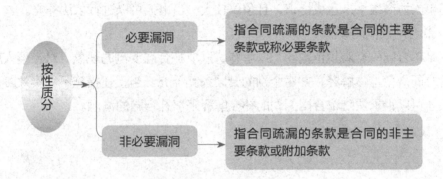

根据疏漏条款的性质不同，可以把合同内容漏洞分为必要之点的漏洞和非必要之点的漏洞。

③ 明显漏洞与隐形漏洞

根据漏洞是否显而易见，可以将合同漏洞分为明显漏洞与隐形漏洞。

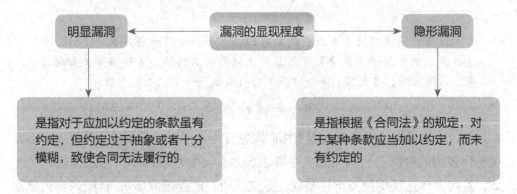

④ 双方漏洞与单方漏洞

根据造成合同漏洞的原因，可以把合同漏洞分为双方漏洞与单方漏洞。

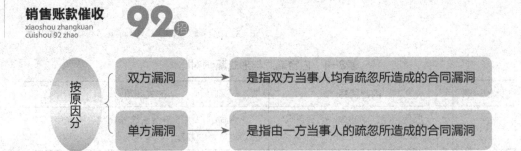

（2）合同漏洞的补救措施

如果企业在签订合同时发生了合同漏洞，根据我国《合同法》的规定，有以下补救措施。

① 合同漏洞的补充

在合同内容出现漏洞的情况下，首先考虑的补救方法是协商补充，但如果双方当事人协商结果未达成协议，且争议较大，当事人可以进行依法补充。

② 合同漏洞的解释

是对合同的客观规范内容加以解释，以填补合同漏洞的现象。对当事人所创设的合同规范整体解释，并对个别的合同条款补充。当上述措施不能奏效时，当事人才可以请求法院依合同漏洞的补充解释来填补合同的漏洞。

技巧 71　谨防签订无效合同

> 无效合同是相对于有效合同而言的，凡不符合法律规定的，不能产生法律效力的都属于无效合同。而且其无效具有必然性，不论当事人如何证明，人民法院、仲裁机关和法律规定的行政机关都有权确认无效。

无效合同是指虽经当事人双方协商同意订立，但国家不予承认和保护，不发生法律效力的合同。合同无效，主要表现为合同构成要件不符合法律规定，比如，签约主体违反法律规定（签约企业未注册，或违规注册）；合同内容违反法律规定（传播淫秽、赌博等）；合同中某条款违法（价格条款违反国家规定），部分条款违法不影响整体的，其余部分仍有效。

根据《合同法》第五十二条规定，有下列情形之一的合同无效，如下图所示。

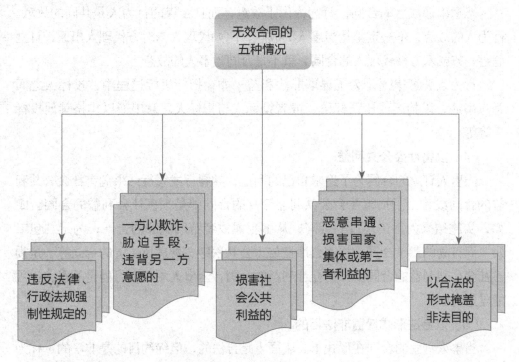

（1）违反法律、行政法规的强制性规定

强制性规定，又称为强行性规范，是任意性规范的对称。对强行性规范，当事人必须遵守，如果违反则导致合同无效；对任意性规范，当事人可以随意排除适用。全国人大和全国人大常委会颁布的法律中的强制性规范、国务院颁布的行政法规中的强制性规范是确认合同效力的依据，不能以地方法规和规章作为否定合同效力的依据。

（2）一方以欺诈、胁迫的手段订立的

一方以欺诈、胁迫的手段订立合同，如果只是损害对方当事人的利益，则属于可撤销的合同。一方以欺诈、胁迫手段订立合同，损害了国家利益的，则为无效合同。国有企业的利益，不能等同于国家利益。

一份合同，同时存在无效事由和撤销事由的时候，合同只能确认无效，而不能按照可撤销处理，否则就会放纵当事人的违法行为。

（3）恶意串通，损害国家、集体或者第三人利益

恶意串通是指合同当事人或代理人在订立合同过程中，为谋取不法利益与对方当事人、代理人合谋实施的违法行为。比如，卖方的代理人甲某为了获取回扣,将卖方的标的物价格压低,买方和代理人甲某都得到了好处,而被代理人卖方却受到了损失。

恶意串通成立的合同,行为人出于故意,而且合谋的行为人是共同的故意。行为人的故意,不一定都是当事人的故意,比如代理人与对方代理人串通,订立危害一方或双方被代理人的合同,就不是合同当事人的故意。

行为人恶意串通是为了谋取非法利益,如在招标投标过程中,投标人之间恶意串通,以抬高或压低标价,或者投标人与招标人恶意串通以排挤其他投标人等等。

(4)损害社会公共利益

当事人订立的合同为了追求自己的利益,其履行或履行结果危害社会公共利益的合同或者为了损害社会公共利益订立的合同都是损害社会利益的合同。比如,实施结果为污染环境的合同,从事犯罪或者帮助犯罪的合同,为了"包二奶"而订立的赠予合同,损害公序良俗(公共秩序、善良风俗)的合同等,是损害社会公共利益的合同。损害社会利益的合同,当事人主观上可能是故意,也可能是过失。

(5)以合法形式掩盖非法目的

当事人订立的合同在形式上、表面上是合法的,但缔约目的是非法的,称为以合法的形式掩盖非法目的的合同。例如,订立假的买卖合同,目的是逃避法院的强制执行;订立假的房屋租赁合同以逃避税收等等。

技巧 72 有些合同可及时撤销

> 可撤销的合同,是指虽经当事人协商成立,但由于并非当事人真意,经向法院或仲裁机关请求可以消灭其效力的合同。合同被撤销后便没有法律约束力,不影响合同中独立存在的有关解决争议方法的条款的效力。

合同一经签订并不意味着必须执行,相关法律明确规定,有一部分合同属于可撤销合同。只要符合可撤销的条件，即可申请撤销。

可撤销合同包括五大类。

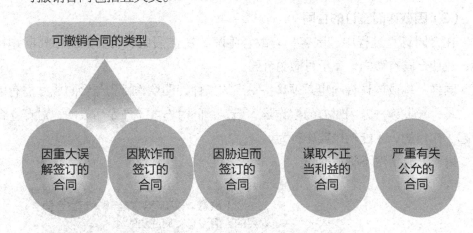

（1）因重大误解签订的合同

重大误解，是指当事人因对标的物等产生错误认识，致使该行为结果与自己的意思相悖，并造成较大损失的情形。因重大误解订立的合同，是已经成立的合同。值得注意的是，不能将因重大误解而成立的合同与未成立的合同相混淆。如甲方要将标的物卖给乙方，而乙方以为是送给自己，最后双方没有达成合意，这种情况下，只能认定合同未成立，不能以重大误解为由进行救济。

构成重大误解的条件一般有三种，如下图所示。

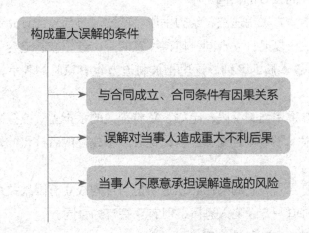

① 构成重大误解的第一个条件是，必须与合同成立和合同条件有直接的因果关系。也就是说，正是因为当事人的错误才导致的误解。

② 构成重大误解的第二个条件是，误解应当是重大的，且造成了不良的后果，两者缺一不可。

③ 构成重大误解的第三个条件是，当事人不愿承担误解造成的风险，若当事人自愿承担了误解的风险则不能按照重大误解的规则进行救济。

（2）因欺诈而签订的合同

在合同订立过程中，因客户有故意隐瞒、制造假象或者掩盖真相等欺诈行为，致使合同有误的，属于可撤销合同。

同样，构成欺诈合同也必须具备一定的条件，即欺诈行为与合同成立需有因果关系，被欺诈一方因对方的欺诈陷入错误，同时造成了严重后果的，对订立合同起了作用的，才能构成欺诈行为。

以下三种情况不构成欺诈。

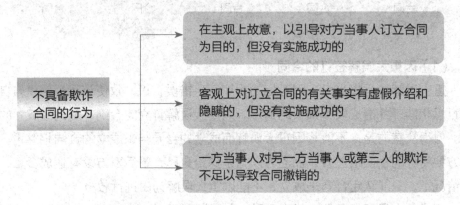

（3）因胁迫而签订的合同

胁迫，是指一方采用违法、暴力手段，威胁对方与自己订立合同，被胁迫一方因恐惧、害怕报复而订立合同。值得注意的是，这里被胁迫与"绝对强制"或"人身强制"有着本质的区别。这里指被胁迫方也有意愿的表示，才能称之为可撤销的合同。

如果是一方采用强制手段，比如，拿着别人的手指盖章或签字，这种情况称为当事人之间根本不存在合同，应当认定合同不成立或者按无效处理，而不是可撤销合同。

因此，胁迫合同成立的条件必须是胁迫与合同成立有因果关系，即胁迫一方出于故意，被胁迫一方因陷入恐惧，但有意签订的合同。

（4）谋取不正当利益的合同

趁人之危订立合同，是指一方当事人趁对方处于危难之机，为谋取不正当利益，迫使对方违背自己的真实意愿与自己订立合同。

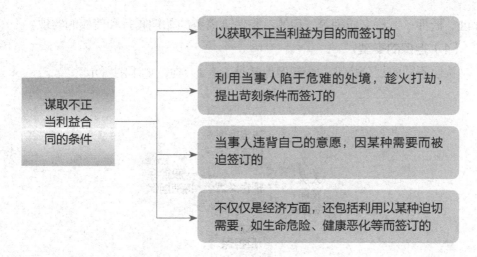

（5）有失公平的合同

有失公平，是指自合同订立时，一方当事人利用优势或者利用对方没有经验，致使双方的权利义务明显不对等（对价不充分），这种合同违反了公平原则的要求。

这种合同最大的特点是双方的权利义务明显不对等，一方得到的太多，付出的太少，也称为对价不充分。值得注意的是，法律承认这类合同，前提是建立在当事人完全自愿的基础上，在这种情况下即使对价不充分也认为是公平的。

所以，有失公平的合同的条件是，由一方的不正当影响，利用另一方没有经验、误解等而签订的合同。

技巧73 如何对合同进行担保

> 为充分保障企业、销售人员（债权人）的最大利益，在合同签订过程中，债务人本人或第三方有义务向债权人提供确保债权实现和债务履行的保证。如保证、抵押、留置、质押等。

合同担保，从法律角度解释，是指合同当事人依据法律规定或双方约定，由债务人或第三人向债权人提供确保债权实现和债务履行为目的的措施。常见的有保证、抵押、留置、质押等,目的就是保障债务的如期履行和债权的实现。

(1) 担保的类型

按照不同的划分标准,合同担保常见的有4大类,如下图所示。

① 一般担保和特别担保

一般担保是对以债务人为中心形成的所有权都具有担保作用的担保。特别担保是针对单个债务而专门设立的担保。

② 人保、物保、金钱保

顾名思义即是对合同中所规定的人、物、财进行担保。

③ 法定担保和约定担保

约定担保又称为意定担保,是指依照当事人的意思表示,以合同的方式设立并发生效力的担保方式。法定担保,是指依照法律的规定而直接成立并发生效力的担保方式。

④ 本担保与反担保:本担保是为主合同之债而设立的担保;反担保是为担保之债而设立的担保。

(2) 担保的特性

担保是作为保障债权人的权利而设置的,往往只是作为主债务关系的一部分,附在主合同中,无法单独存在。因而对合同进行担保必须符合以下3个特性,如表8-5所列。

表8-5 担保的特性

从属性	指合同担保从属于所担保的债务所依存的主合同,即主债依存的合同。合同担保以主合同的存在为前提,因主合同的变更而变更,因主合同的消灭而消灭,因主合同的无效而无效
补充性	指的是合同担保一经成立,就在主债关系基础上补充了某种权利和义务关系
保障性	指合同担保是用以保障债务的履行和债权的实现

提到合同担保,有人可能会联想到担保合同,两者虽然只有字序上的差异,但却有着本质的区别:合同担保是一种保证形式,而担保合同则是一种合同形式。所谓担保合同,是指为促使债务人履行其债务,保障债权人的债权得以实现,而在债权人(同时也是担保人)和债务人之间,或在债权人、债务人和第三人(即担保人)之间协商形成的协议。

具体而言,两者的区别如表8-6所列。

表8-6 合同担保与担保合同的对比

对比类别	合同担保	担保合同
权力范畴	没超出合同对内效力的范畴	作为一种独立于合同之外的协议远远超出了该范畴
产生的原因	主要是因当事人的约定而产生的	完全是由法律的规定产生的
保障作用	对债权的保障作用更为重要	担保权人无法掌握控制实现债权的财产,也不能对第三人享有优先受偿的权利
是否履行义务	债务人不履行债务	合同保全则不一定以此为前提

技巧 74 保证担保使用方法

> 保证作为三大担保方式之一,是最常用的一种方式,通常是指保证人和债权人约定,当客户(债务人)不履行义务时,保证人按照约定履行债务或者承担责任的行为。

了解保证担保这种方式,应该从担保人的资格、担保范围、担保形式及注意事项等方面入手。

(1)保证人资格

保证人资格须为具有代为清偿能力的法人代表、组织或者公民。法律对担保人的资格是有明确规定的,并不是任何个人和法人、组织都可以为他人提供保证。

通常来讲,以下个人或组织不具备担保的资格。

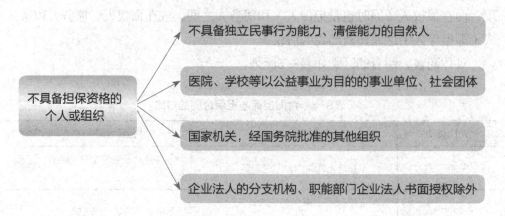

(2)担保范围

保证合同对担保范围有明确约定,按照《担保法》第二十一条的规定,保证担保的范围有5类,主债权、主债权利息、违约金、损害赔偿金和实现债权的费用,具体如表8-7所列。

表8-7 担保的范围明细表

序号	类别	具体内容
1	主债权	在保证合同中无具体约定的情况下,应认为是担保主债权全部
2	主债权利息	即因主债权所产生的利息,利息分为法定和约定两种。法定利息,如迟延履行所产生的利息(迟延利息);约定利息是当事人签订合同时事先另外约定的,如约定利息有失公平或法律有专门限定的,则应做适当调整或依法而定
3	违约金	就是主债权所应付的违约金,违约金有从属性,也有一定的独立性,需在主债权之外另设违约金合同或者另设独立的条款。因此,在适用保证时,与约定利息一样,采取限制性做法,也就是对于违约金的保证,应以保证合同与主债权成立的同时约定为限
4	损害赔偿金	由主债权而生的损害赔偿之债,应当予以保证,在这种情况下,不论损害赔偿之债的发生是因为债务不履行还是迟延履行,只要归结到债务人头上的,保证人就有代为赔偿或连带赔偿的义务
5	实现债权的费用	如代理费用、公证费用、诉讼费用等原则上都是债权生出的负担,当列于保证范围之内

(3)保证方式

保证方式有一般保证和连带责任保证两种。

① 一般保证。债务人在合同中约定,当无法履行债务时,由保证人承担保证责任的保证方法。

② 连带责任保证。债务人在主合同规定的债务履行期限届满没有履行债务的,债权人可以要求债务人履行债务,也可以要求保证人在其保证范围内承担保证责任。

(4)注意事项

① 同一债权中有两个以上保证人的。

在同一债务中有两个以上保证人的,保证人负有担保全部债务和部分债务的义务。其中,合同中有约定保证份额的,保证人应当按照合同约定的保证份额承担;没有约定份额的,保证人应承担连带责任。

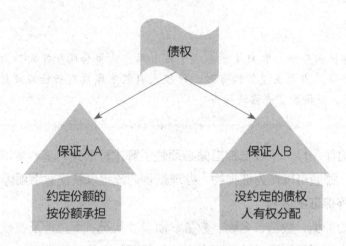

债权人可以要求其中任何一个保证人承担全部保证责任。已承担保证责任的保证人,有权向债务人追偿,或者要求其他保证人承担连带责任,清偿其应当承担的份额。

② 担保合同主合同有变更的。

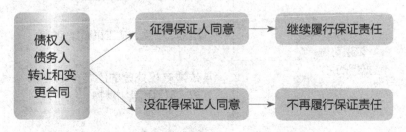

债权人与债务人协议变更主合同的,应当取得保证人书面同意,未经保证人书面同意的,保证人不再承担保证责任。保证合同另有约定的,按照约定履行。

保证期间债权人依法将主债权转让给第三人的,保证人在原保证担保的范围内继续承担保证责任,保证合同另有约定的按照约定履行。

保证期间,债权人许可债务人转让债务的,应当取得保证人书面同意,保证人对未经其同意转让的债务,不再承担保证责任。

技巧 75 抵押担保使用方法

> 抵押担保是指,客户(债务人)或者第三人将合同所规定的财产作为债权的担保。当无法履行债务时,债权人有权依照规定折价或者拍卖、变卖该财产,以价款优先偿还债务。

同保证担保一样,了解抵押担保必须先了解这种形式的基本常识。如,抵押担保的内容,哪些可以作为抵押物,办理抵押的流程以及注意事项等。

(1)抵押保证的内容

被抵押物种类、数额、名称、数量、质量、状况、所在地及被抵押担保的所有权权属或者使用权权属,以及当事人认为需要约定的其他事项。

(2)哪些可以被当作抵押品

按照相关法律规定,客户的以下财产可以依法作为抵押,如下图所示。

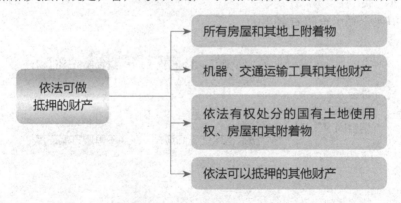

同时，以下财产禁止抵押，如下图所示。

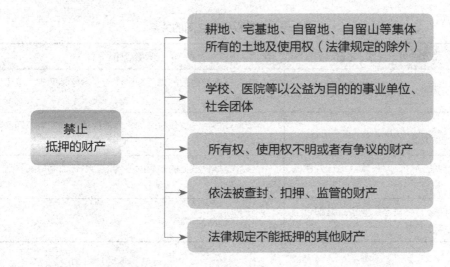

（3）抵押物办理流程

按照《担保法》第四十二条的规定，合同中注明的抵押物应当先办理抵押物登记。按照法定流程进行，大致可分为3个步骤。

① 准备办理抵押物登记所需要的文件资料。

a. 主合同和抵押合同。

b. 抵押物所有权或者使用权证书。

② 到相关部门进行登记。

不同抵押物分属不同的主管部门，因此，登记时必须到所属部门进行，以下是抵押物类型与其主管部门对应表，如表8-8所列。

表8-8 抵押物类型与其主管部门对应表

货物类型	主管部门
土地使用权	核发土地使用权证书的土地管理部门
房地产或者企业厂房等建筑物	县级以上地方人民政府规定的部门
林木	县级以上林木主管部门
航空器、船舶、车辆抵押	运输工具的登记部门
企业的设备和其他动产抵押	财产所在地的工商行

③ 搞清楚抵押权相互之间的关系，如表8-9所列。

表8-9 抵押权相互之间的关系

生效时间（自签订之日起）	清偿顺序
已经登记生效的	按照抵押物登记的先后顺序清偿，顺序相同的，按照债权比例清偿
生效且均未办理抵押物登记的	按照抵押合同生效时间的先后顺序清偿。如果抵押合同签订的时间相同，则按照债权比例进行清偿
自签订之日起生效且均已办理抵押物登记的	按照抵押物登记的先后顺序清偿。登记时间相同，则按照债权比例清偿
自签订之日起生效且只有部分办理抵押登记的	已办理登记的优先

（4）注意事项

在签订抵押合同时，有一个事项需要销售人员注意，即合同中规定的最高抵押额。最高抵押额是指抵押人与抵押权人商量，在最高债权额限度内，以抵押物对一定期间内连续发生的债权做担保。同时，附最高抵押额合同。

技巧76 质押担保使用方法

> 质押，债务人或第三人将其动产移交债权人占有，将该动产作为债权的担保，当债务人不履行债务时，债权人有权依法就该动产以拍卖、变卖所得价金优先受偿。

质押担保是一种不常用的担保方式，通常是以典当的形式，由典当行出面，近几年很多担保公司也涉足质押业务。因此，在质押之前，双方当事人应先确定正规典当行或担保公司，不仅速度快，还比较安全。

对于催款方的销售人员来说，最主要的是要充分运用自己的权利，确保欠款的回收。为了有利于销售人员更好地了解质押这种方式,我们分以下几个板块来了解。

(1)质押的主体

债务人或者第三人为出质人,债权人为质权人,移交的动产为质物。在合同中,销售人员为质权人,欠款客户或典当行、担保公司则属于出质人。

销售人员作为质权人,首先要了解自己有哪些权利和义务。

① 质权人的权利。

② 质权人的义务。

质权人的义务
- 质权人因保管不善致使质物损毁消失时,应承担民事责任。
- 质权人在质权存续期间,未经出质人同意,在其所占有的质物上为第三人设定质权的无效,并对因转质而发生的损害承担赔偿责任。
- 质权人不能妥善保管质物并使其灭失或者毁损,出质人将质物提存的,质权人负担质物提存费用;提前清偿债权的,承担应当扣除未到期利息。
- 债务履行期届满,债务人履行债务的,或出质人提前清偿所担保的债权的,质权人有义务返还质物。

(2)质押的分类

质押种类按照质物的不同种类,可将质押分为动产质押和权利质押两种。

① 动产质押。

动产质押是指可移动并因此不损害其效用的物的质押。

② 权利质押。

权利质押是指以可转让权利为标的物的质押。权利质押要件有3个。

a. 以票据与公司债权交付作为成立要件；背书作为对抗要件；b. 以登记作为成立要件；c. 符合权利质押的特别规定。只有符合这三个条件的标的才能进行权利质押。

这类质押包括汇票、本票、支票、股份、股票、商标专用权、专利权和著作权中的财产权等。具体如表8-10所列。

表8-10 质押类型

汇票、本票、支票、债券、存款单、仓单、提单	桥梁、公路隧道或者公路渡口等不动产收益
公司股份、股票、债权可转让部分	公司商标专用权、专利权、著作权中的财产权

质押与抵押区别，如表8-11所列。

表8-11 质押与抵押的区别

标的物不同	抵押的标的物是不动产，而质押的标的物是动产与权利
标的物是否转移、占有	抵押的标的物不转移占有，仍由抵押人占有、使用、收益；质押的标的物交付质权人占有，动产要交付占有，权利要交付权利证书

技巧 77 留置和定金使用方法

在合同担保中，除了以上三种方式之外，还有两种辅助性方式是经常用到的：一个是留置，另一个是定金。这两种方式很少单独使用，经常需要与上述三种方式配合进行。

（1）留置

是指债权人按照合同约定占有债务人的动产，债务人不按照合同约定的期限履行债务的，债权人有权依照本法规定留置该财产，以该财产折价或者拍卖、变卖该财产的价款优先受偿。

因保管合同、运输合同、加工承揽合同发生的债权，债务人不履行债务的，债权人有留置权。

留置担保范围：主债权及利息、违约金、损害赔偿金、留置物保管费用和实现留置权的费用。

何时可以行使留置权，债权人与债务人应当在合同中约定，债权人留置财产后，债务人应当在不少于2个月的期限内履行债务。债权人与债务人在合同中未约定的，债权人留置财产后，应当确定2个月的期限，通知债务人在该期限内履行债务。

（2）定金

当事人可以约定一方向对方给付定金作为债权的担保。债务人履行债务后，定金应当抵作价款或者收回。给付定金的一方不履行约定债务的，无权要求返还定金；收受定金的一方不履行约定债务的，应当双倍返还定金。

定金应当以书面形式约定。当事人在定金合同中应当约定交付定金的期限，定金合同从实际交付定金之日起生效。定金的数额由当事人约定，但不得超过主合同标的额度。

技巧 78 违约责任常见的处理办法

> 违约责任就是违反了合同的民事责任，是指合同当事人不履行或不适当履行合同约定或法定义务，所应承担的损害赔偿、支付违约金、解除合同等民事责任。

在与客户的合作过程中，对方违约的现象司空见惯，所以销售人员要随时做好追究违约责任的准备。不过，不少企业认为应收账款收回后讨债工作就结束了，即使对方违约也极少追究违约者的违约责任，这无形中放弃了企业应得的权利。

（1）什么是违约责任

根据《合同法》规定，违反合同应当承担的民事责任，第一百零七条做了详细规定："当事人一方不履行合同义务或者履行合同义务不符合约定的，应当承担继续履行、采取补救措施或者赔偿损失等违约责任。"

那么，销售人员在什么情况下才对债务人追究违约责任？一般包括以下3种情况。

① 对方违反了合同对标的物的约定。

一般而言，一份合同的签订需对所有标的物的时间、质量、数量等各个方面做详细的规定。若有违反便可针对违约处罚条款要求赔偿，一般包括：支付违约金、延期付款利息的计算、保证金双倍处罚或者没收预付款等。

② 对方超出了应收账款账期的时间。

即根据应收账款违约时间的长短追究，主要是根据债务人支付账款时间的长短来进行计算。若对方违约，可按照应付款时间到具体还款时间这一期间债务人应支付的利息，作为象征性的处罚条款。

③ 对方因违反其他条款造成了严重后果。

因为债务人延期付款造成债权人因货款未能及时到位而造成的经济损失，可以此损失为计算依据，同时对由于债权人为讨要债务而支付的人力、物力和财力的花费等方面进行综合计算，对债务人提出具体的索赔数额。

（2）承担违约责任

承担违约责任是指以提起诉讼作为具体追究违约责任的实际办法，具体方式有以下3种。

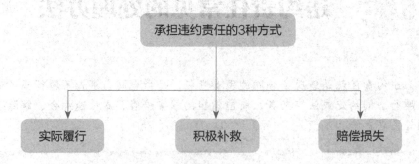

① 实际履行。

实际履行在法律上解释为"继续履行"，是指当一方当事人违约，另一方当事人可要求或请求法院判决对方继续履行合同规定的义务，不允许用金钱或其他方法代替。

《合同法》第一百零九条、第一百一十条对实际履行的范围做了明确的规定，金钱债务应当实际履行，非金钱债务在特殊情况下不适用实际履行。这里的特殊情况包括3类：

a. 即指法律上或事实上不能履行；
b. 债务的标的不适于强制履行或履行费用过高；
c. 债权人在合理期限内未要求履行。

在英美等国家，则把实际履行作为一种辅助救济的方法，通常仅限于法院判决，并强制违约方履行，而且只有在损害赔偿不是一种充分的补救方法时才采用。

② 积极补救。

依据《合同法》第一百一十二条规定，如一方提供的货物不符合约定的要求，另一方当事人可根据约定要求其承担违约责任；对于无约定或约定不明确的，非违约方可要求违约方以修补、更换、重做、退货、减少价款或报酬等措施进行补救。

具体补救措施如下图所示。

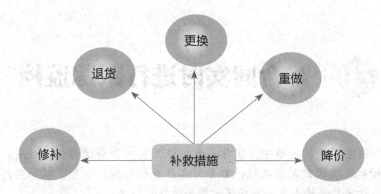

在要求违约方进行合理的补救后，有其他损失的仍有权要求违约方赔偿损失。

③ 赔偿损失。

又称"损害赔偿"，是指违约方补偿、赔偿非违约方因违约所遭受损失的一种方式，它是一种最重要、最常见的方法，直接关系到当事人双方的物质利益分配，体现着公平、平等的原则。

《合同法》第一百一十四条规定："当事人可以约定一方违约时应当根据违约情况向对方支付一定数额的违约金，也可以约定损失赔偿额的计算方法。"从立法的表述看，使用的是"可以……也可以……"是一种选择，即当事人只能选择一种承担违约责任的方式，不可并用，而且违约金就是损失赔偿金。

赔偿损失具有典型的补偿性、对等性和唯一性。

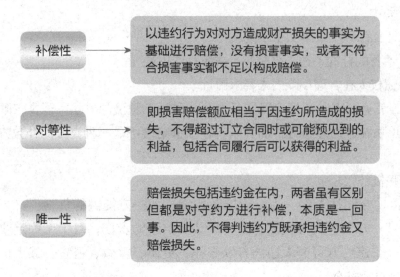

技巧79　对合同实时进行跟踪监控

> 合同在实施的过程中，销售人员应尽可能跟踪合同的执行进度，赊销一开始到应收账款到期之前，都要对客户进行跟踪、监督，从而确保客户正常支付货款，最大限度地降低逾期账款的发生率。

合同跟踪、监控是销售人员的重要职责，通过对合同的跟踪管理，及时发现货物质量、包装、运输、货运期以及结算上存在的问题，以便在出现纠纷时能做出相应的对策。又能与客户保持联系，并提醒、催促付款，使客户一般不会轻易推迟付款，大大地提高应收账款的回收率。

具体来讲，合同跟踪、监控可分为3个阶段，分别为合同执行前、执行中和执行后。

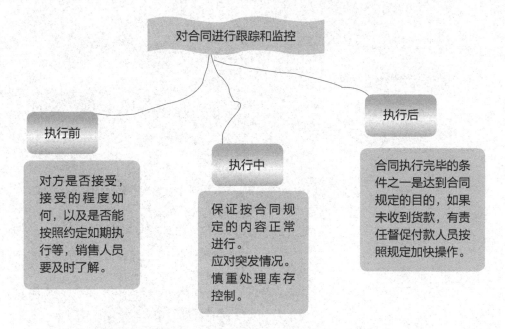

（1）合同执行前跟踪和监控

当一个合同制订之后，对方是否接受，接受的程度如何以及是否能按照约定如期执行等，都是销售人员需要了解的。

例如，对定制生产的一批货物，其价格、质量、生产进程等，销售人员都应该与对方进行沟通，确保完美合作。如果对方能按时完成合同要求，则可继续进行；如果确实难以达到要求，千万不可勉强，或另选择其他合作商。

（2）合同执行过程跟踪和监控

与对方签订的合同具有法律效力，在执行过程中应该全力跟踪，配合对方。对合同执行过程的跟踪和监控，需要着重解决好以下3个问题，如表8-12所列。

表8-12　对合同的执行过程进行跟踪和监控

（1）保证合同规定的内容正常进行，避免在这方面出现问题，这是对合同执行跟踪的主要目的
（2）应对突发情况。如果出现突发情况，要及时反馈，需要中途变更的要立即解决，马上与对方进行协调，必要时还应该帮助对方解决疑难问题
（3）控制好验收环节。完成合同规定的任务后，销售人员必须按照原先所下的订单对到货的物品、批量、单价及总金额等进行确认，并进行录入归档，开始办理收款手续。若是境外的客户，付款条件可能是预付款或到期付款，一般不采用延期付款

第九章

付诸法律，
以"黑"治"黑"

在多种形式催款无果的情况下，只能付诸以法律，采用诉讼的方式解决。诉讼是指国家司法机关，在案件当事人和其他诉讼人的参与下，以事实为依据，以法律为准绳，办理刑事、民事、行政案件所进行的一种活动。

技巧 80　强制执行的诉讼催款法

> 根据《民事诉讼法》第三条规定:"人民法院受理公民之间、法人之间、其他组织之间以及他们相互之间因财产关系、人身关系提起的民事诉讼。"法律对诉讼的适用范围做出了明确规定:适用于任何一类民事纠纷,无论是财产纠纷还是人身关系纠纷。

销售人员与欠款客户之间的纠纷属于财产纠纷,大多数人认为,以诉讼的方式催收效率低,成本高不但无法收回欠款,还可能导致对方拒不履行,更重要的是容易破坏与客户间的关系。其实,这是一种片面的理解,虽然以法律诉讼的手段催收账款并不是首选,但是在保障自身权利等方面还是最为有效的。

通过法律诉讼除了可以请求法院强制欠款客户在一定期限内履行还款义务外,还可以要求欠款客户支付相应的违约金,以及因欠债而造成的其他损失。

采取法律诉讼的方式进行账款催收,需要做好以下5个方面的工作。

（1）由律师发送律师函

律师函已在前面内容中提到,在此不再重复叙述。

（2）向法院递交诉讼状

民事诉状模板如表9-1所列。

表9-1　民事诉状模板

民事诉讼状
原告:_____
地址:_____ 电话:_____

续表

法定代表人：_____   被告：_____   地址：_____ 电话：_____   法定代表人：_____   诉讼请求：_____ _____ _____   事实与理由：_____ _____ _____ _____   此致 _____人民法院 　　　　　　　　　　　　　　　　　　　　　　申请人：_____ 　　　　　　　　　　　　　　　　　　　　　　法定代表人：_____ 　　　　　　　　　　　　　　　　　　　　　　　　年　　月　　日 附：本上诉状副本_____份。

（3）出示己方诉讼代表的身份证明文件以及授权委托书等资料

授权委托书模板如表9-2所列。

表9-2　授权委托书模板

授权委托书
委托单位： 法定代表人：　　　　　　　　　　　职务： 委托人（律师）：姓名：　　　　　　　工作单位： 职务： 受委托人：姓名：　　　　　　　工作单位： 职务： 现委托上述受托人在我单位与×××因×××纠纷一案中，作为我方诉讼代理人。 代理人的代理权限为： 1. 2. 3.   　　　　　　　　　　　　　　　　　　　　　　委托单位：＿＿＿＿＿＿ 　　　　　　　　　　　　　　　　　　　　　　（盖章） 　　　　　　　　　　　　　　　　　　　　　　法定代表人：＿＿＿＿＿＿ 　　　　　　　　　　　　　　　　　　　　　　（签字盖章）

（4）出示被告人的联系方式、详细地址以及工商部门出具的被告人工商登记事项和身份证复印件

（5）出具相关证据、证人证言等

为了更圆满地完成催收账款的任务，催款专家们建议销售人员在采取法律诉讼手段、催收账款时要特别注意以下4点。

① 在开庭审理之前找到有力的证人证言以及充分的证据，以保证诉讼的成功。

② 在诉讼前申请对被告人的财产进行保全，即申请法院在开庭前对被告人的有关财产进行查封，这样做有助于保障诉讼成功后的执行。

③ 如果通过法院调解能有效维护自身权利，就尽可能地服从调解，调解结果同样具有法律效力，这样既可保护自身账款的及时回收，又可尽量挽回双方之间的关系。

④ 如果经法院调解或判决生效之后，欠款客户仍不履行还款义务，就要在时效范围内向法院申请执行或强制执行。

技巧 81　简单便捷的调解催款法

> 在催款过程中，销售人员如果不想与客户伤和气、结怨仇，可在有关组织、机构、个人或者法院等第三方的主持下进行协商，经过调解，达成某种还款协议。

大量的诉讼使人民法院不堪重负，严重影响了其公正性和效率性。在这种情况下，诉讼以外的纠纷解决机制便成了人们解决纠纷的重要选择。调解便是其中之一，简便、迅速又价格低廉，所以，销售人员催款时有必要进一步了解调解这种方式。

调解是指第三者依据一定的社会规范，如道德、法律等，在纠纷主体之间通过摆事实、讲道理，力争促成纠纷双方相互谅解、妥协，从而达成解决纠纷、回收欠款的目的。

（1）调解的类型

根据调解的性质不同，可分为诉讼内调解（法院调解）和诉讼外调解。

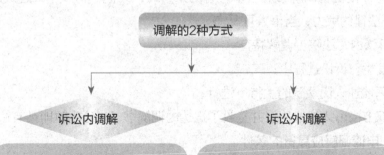

调解的2种方式

诉讼内调解：又称法院调解或司法调解，是指在人民法院审判组织主持下，以国家法律为依据，诉讼双方当事人平等协商，达成协议，经人民法院认可，以终结诉讼活动的一种结案方式。

诉讼外调解：又称人民调解或行政调解，是指在人民调解委员会主持下，以规章制度、社会公德规范为依据，对双方当事人进行调解、劝说，已达到互相谅解、平等协商，自愿达成协议的目的。

两种都是调解的重要形式,各有利弊,销售人员可根据案件的性质而定。为了更好地区别两者的关系,接下来对其进详细阐释,如表9-3所列。

表9-3 诉讼内调解和诉讼外调解的区别

区分对象	诉讼内调解	诉讼外调解
调解主体	人民法院	人民调解委员会行政机关、仲裁机关、双方当事人所信赖的个人
调解性质	司法调解是一种诉讼活动,具有强制性,受法律约束	不具有诉讼性质的诉讼外民间调解,是一种群众性自治行为
赋予的权利	人民法院是国家赋予的权利,调解人员是代表人民法院,依法与被调解人员发生诉讼法律关系	人民调解委员会是基层群众直接授予的民主自治权利,调解人员代表的是与被调解人员之间的民主平等的群众关系
调解协议的效力	经人民法院调解达成的,由双方当事人签字、盖章的调解协议,一经送达,即具有法律约束力	经人民调解委员会调解达成的、有民事权利义务内容,并由双方当事人签字或者盖章的,具有民事合同性质

(2) 调解的特征

根据上表中的内容,可以总结出这两种调解形式的基本特征,分别如下。

① 诉讼外调解特征

a. 当事人无诉讼意愿,即使有诉讼行为也无法律上的诉讼意义;

b. 主持者由当事人双方,其他相关人员而定,具有民间性质;

c. 除仲裁机构调解书对当事人有约束力外,其他机构或个人达成的调节协议均没有法律约束力,当事人可反悔。

② 诉讼内(法院)调解特征

a. 发生在诉讼过程中;

b. 只能在人民法院的主持下进行;

c. 双方当事人达成协议并签收了送达的调解书,一经生效即具有法律效力。

(3) 申请调解应具备的条件

根据司法部颁布的《人民调解工作若干规定》,申请调解应当具备下列条件。

① 有明确的被申请调解人,如公民、法人等的基本情况。

② 有具体的调解要求,如要求被申请人履行还款义务等。

③ 有提出调解申请的事实依据,如借款合同、担保协议等。

④ 该纠纷属于人民调解委员会的受理范围。

技巧 82 借力打力的仲裁催款法

> 提请仲裁机关解决债务纠纷，兼具民间性和司法性的双重性。是指邀请由国家仲裁机关对欠款双方的权利与责任关系，加以明确，并督促双方履行各自义务的一种形式。

仲裁作为国家公力救济的形式，兼具民间性和司法性的双重性。当双方当事人无法通过友好协商的方式解决争议、又不想走法律途径时，可以选择以仲裁的方式解决。

用这一方式来催收账款在现代经济社会十分常见，根据我国《仲裁法》的规定："平等主体的公民、法人和其他组织之间发生的合同纠纷和其他财产权益纠纷，可以仲裁。"因此，当欠款客户对合同的某些条款有异议，或者以此为由拖延、拒绝还款时，销售人员可以申请仲裁，主管部门通常为当地的经济合同仲裁委员。

那么，销售人员如何来运用仲裁这种方式呢？需要掌握以下4个特点。

仲裁的4个特点：
- 特点1：具有司法性质
- 特点2：实行裁决终局制
- 特点3：仲裁机构没有管辖权限制
- 特点4：尚未仲裁的结果可诉讼

（1）特点1：具有司法性质

仲裁一经生效就具有法律约束力，因此，在提请仲裁之前，销售人员必须充分考虑自己胜诉的可能性，以免遭受更大的损失。

（2）特点2：实行裁决终局制

对于仲裁，根据我国《仲裁法》第九条第一款"仲裁实行一裁终局制，裁决做出后,当事人就同一纠纷再申请仲裁或者起诉的,仲裁委员会或者人民法院不予受理"。从中可以看出,对于仲裁后的裁决当事人只有无条件地接受。

(3)特点3:仲裁机构没有管辖权限制

对调解机构、仲裁机构的管辖权没有做级别和地域上的限制。仲裁机构对纠纷的管辖权,以当事人双方的共同约定为前提,在当事人对仲裁机构的选择上享有绝对的自主权。也就是仲裁机构对纠纷的管辖权是由纠纷主体通过合同、协议而规定的。

(4)特点4:尚未仲裁的结果可诉讼

根据《仲裁法》第五十二条第三款"在调解书签收前当事人反悔的,仲裁机构应当及时做出裁决"之规定,也对仲裁调解给予相应的补救措施。如当事人不服各级人民法院尚未生效的一审判决或者裁定的情况下,可根据我国《民事诉讼法》第一百四十七条的规定,分别在判决书送达之日起15日内和裁定书送达之日起10日内向上一级人民法院提起上诉。

然而,以仲裁方式进行账款回收工作,并不是把所有的催款工作都委托给仲裁机关去完成,而是需要销售人员在各个方面积极配合,做好充分准备协同"作战"。否则就很难达到预期的收款目的。

那么,销售人员该如何协同仲裁机关呢?具体来讲要注意以下3点。

① 选择仲裁方式进行账款回收工作时,应该首先提交仲裁申请书,如表9-4所列,以便仲裁机关立案调查。仲裁申请书的主要内容有:申请人名称、地址;法定代表人姓名、职务;申请的理由和要求;相关证据以及证人的姓名和住址等。

表9-4 仲裁答辩书所示

仲裁答辩书(法人或其他组织用)
答辩人:_____
地址:_____
法定代表人:_____ 职务:_____ 电话:_____
委托代理人:_____
工作单位:_____
被答辩人:_____
地址:_____

续表

法定代表人：_____　职务：_____　电话：_____

我方就被答辩人_____因与我方之间发生的_____争议向你会提出的仲裁请求，提出答辩如下：

1._____

2._____

3._____

此致

_____仲裁委员会

答辩人：_____

____年____月____日

附：有关证据材料_____份

② 准备大量而充分的证据资料，以便仲裁机关更好地调查事实真相，公正地帮助自己及时回收账款。

③ 销售人员要特别注意仲裁的法律时限，如果所列出的相关证据不能证明你的催款权利是在1年之内受到侵害的，那么仲裁机关一般不予受理，提出的仲裁申请只能归为无效。

技巧83 诉讼、仲裁、调解三者的关系

> 调解、仲裁、诉讼是现代民事纠纷解决机制体系中的重要组成部分，也是企业解决应收账款问题时常用的法律途径和方法，为了更好地运用，销售人员有必要辨别清楚三者的联系和区别。

调解、仲裁、诉讼作为民事纠纷解决体制中三种必不可少的方式，利弊互补，在民事纠纷的解决中发挥各自的作用，并不因在诉讼中国家审判权的行使和其所具有的国家强制力而高贵，也不因调解和仲裁具有民间性而显卑微。同时，由于适应范围、法律效力、解决方式以及使用时的解决机制等不同，三者各具特征。

具体表现在以下几个方面。

（1）适用范围不同

调解	纯民间性质的纠纷解决机制，适用范围比较宽泛，没有相应的法律对其适用范围严加规定，从调节的事件来看，包括因财产、人身等产生的一切纠纷。
仲裁	具有民间性和司法性的一种特殊的方式，《仲裁法》适用于一切平等主体的公民、法人和其他组织之间发生的合同纠纷和财产权益纠纷。
诉讼	是一种完全司法行为，《民事诉讼法》第三条规定：人民法院受理公民之间、法人之间、其他组织之间以及他们相互之间因财产关系和人身关系提起的民事诉讼。

（2）法律效力不同

三者的法律效力是不同的，调解、仲裁、诉讼逐步增大，执行的强制性也逐步增大。

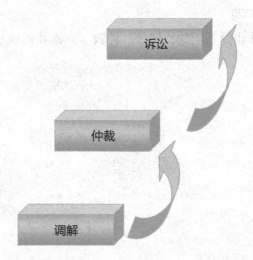

① 调解无任何法律效力

调解体现的是纠纷主体自我解决纠纷的社会整合能力，而且因其随意性，非严格的规范性，较诉讼更为简便迅捷，更有利于纠纷的彻底解决和预防。最终的调解协议也不具有任何法律拘束力，也无强制执行力，其履行主要依靠当事人的自觉遵守和道义力量。

② 仲裁的法律效力具有较大的弹性

与调解相比，仲裁具有较高的权威性，而且其公正性和彻底性更受到制度上的保障，纠纷主体拥有自治和程序主体权，更大地体现了法的效益价值。仲裁作为一种国家法律承认的纠纷解决机制，具有核心的司法权性，仲裁裁决具有法律约束力，调解书与裁决书具有同等的法律效力，自做出裁决之日起便发生法律效力。

拒不执行者受到法律的制裁，同时根据我国《仲裁法》第六十二条"当事人应当履行裁决，一方当事人不履行的，另一方当事人可以依照民事诉讼法的有关规定向人民法院申请执行。接受申请的人民法院应当执行。"

③ 人民法院参与，强制执行

诉讼，由于人民法院的特殊身份和国家审判权的行使，则具有了严格的规范性和国家强制性，最大程度上维护了纠纷双方的平等，保障和实现了纠纷主体的权利，从而使纠纷能够得到最终解决，体现了法的公平价值。

其产生的结果无论是民事判决还是民事裁定，都具有法律上的约束力，且民事判决和民事裁定一般由第一审人民法院直接执行。对于诉讼内调解，根据我国《民事诉讼法》第八十九条第三款"调解书经双方当事人签收后，即具有法律效力"。

（3）实施主体不同

三者的实施主体也是不同的，调解、仲裁、诉讼其权威性逐步增大。

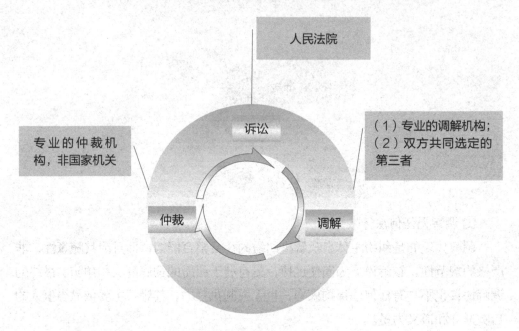

① 调解的主体

可以是专业调解机构，如，中国国际商会调解中心、人民调解委员会等，在机构的选择上法律法规没有对其严加限制；也可以是除这些专门调解机构之外的其他第三者，该第三者一般由双方当事人共同选定，能得到双方的共同信任。具有高尚的人品、较强的能力和较高的社会威望。

② 仲裁的主体

可以是专业的仲裁机构，如中国国际经贸仲裁委员会等，与调解机构不同的是，法律对仲裁机构的资格进行了严格规定，不能是国家机关，也不能是民间组织，其成员选定或约定的专家，非国家工作人员。

③ 诉讼的主体

只能是作为国家司法机关的人民法院，包括国家各级人民法院。诉讼是在法院主持下进行的，既不是纠纷主体自己解决纠纷，也不是其他公民、民间组织或社会团体来主持解决纠纷。诉讼内调解中，可以由审判员一人主持，也可以由合议庭主持。

（4）解决机制不同

在法律适用上，仲裁要比调解严格，诉讼比前两种严格。

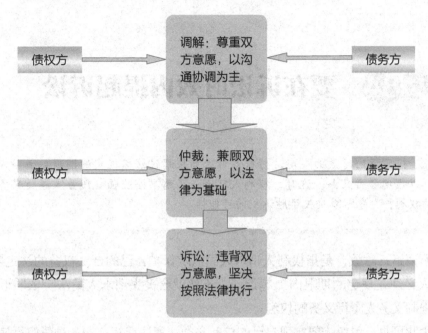

① 调解的解决机制。

由于调解并非严格依据法律程序和规范，解决机制具有很大程度上的随意性，以沟通、诱导、协调等为主，对纠纷的解决仅起着促进、引导、协调的作用。也就是说，纠纷的解决只能建立在纠纷主体绝对合意的基础上，调解的步骤和结果常常会随纠纷主体的意志而变动。

② 仲裁的解决机制

仲裁具有相对的民间性和司法性的特征，因此，仲裁的解决机制，可以保留当事人享有充分的自治性，包括仲裁机构的选定、仲裁员的选定、有关审理方式和开庭形式等程序事项。但在必要的情形之下，作为一种"准司法"解决机制，可选择所依从的实体法律规范和程序性规范等。可以违背双方达成合意，根据纠纷事实适用法律或公平正义原则做出裁决。

③ 诉讼的解决机制。

在诉讼中，人民法院作为国家的审判机关，凭借国家审判权来确定纠纷主体之间的民事权利义务关系及民事法律责任的承担，又以国家强制执行权迫使纠纷主体履行生效的民事判决、裁定等，其对民事纠纷的解决与否起着决定性作用，而不必依赖于双方当事人的合意。诉讼内调解的达成也应以纠纷主体的合意为基础。

技巧 84　要在诉讼时效内提起诉讼

> 按照诉讼时效的规定，债权人诉讼如果超过法律规定的期限，债务人可以拒绝履行义务。这时，权利人就丧失了请求法院强制债务人履行义务的权利，也意味着丧失了胜诉权的可能性。

所谓诉讼时效，是指权利人请求人民法院保护自己的合法权益的法定期限。权利人必须在规定的期限内提起诉讼，不然就会丧失请求人民法院依照诉讼程序，强制义务人履行义务的权利。

由此可见，债权人要实现自己的权利必须注意法律规定的各种债权行使的期限，应当在法律规定的时间内及时行使自己的权利，以避免财产白白损失。

（1）诉讼时效的类型

诉讼时效一般分为普通诉讼时效、短期诉讼时效和最长诉讼时效3类。

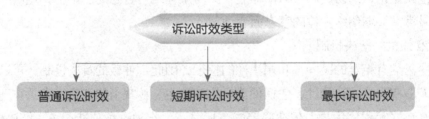

① 普通诉讼时效。

又称"一般诉讼时效"，是指由民事普通法规定的，适用于法律无特殊规定的各种民事法律关系的诉讼时效。根据《民法通则》的规定，普通诉讼时效期限为2年。

☞ 大多数商业活动欠款的诉讼时效为普通诉讼时效，期限为两年。从应该还款日起，如果债权人未采取任何措施主张债权，过了两年就过了诉讼时效，即使再起诉到法院，法院也会因为时效过了不会判决其胜诉。

② 短期诉讼时效。

短期诉讼时效为1年，通常只适合以下4种情形。

a. 身体受到伤害要求赔偿的。

b. 出售质量不合格的商品未声明的。

c. 延付或者拒付租金的。

d. 寄存财物被丢失或者损毁的。

③ 最长诉讼时效。

最长诉讼时效期间与一般和短期诉讼时效期间不同，该期间是从权利被侵害时起计算，即适用于"不知道或不应当知道"其权利被侵害的"特殊主体"。如，民法通则第一百三十七条规定，从权利被侵害之日起超过20年的，人民法院不予保护。有特殊情况的，人民法院可以延长诉讼时效期限。

> 另外，诉讼时效制度是强制性的法律规范，除法律另有特殊规定外，任何组织、法人和个人均得无条件遵守，当事人私下对诉讼时效期限延长、缩短或者放弃的，均属无效。

（2）诉讼时效期间与其计算方法

① 什么是诉讼时效期间

民法中对"期间"的概念是指民事法律关系设立、变更或终止的时间，期间是重要的法律事实。对当事人的权利和义务关系重大，甚至能够决定当事人权利的大小和有无。因此，销售人员在催款时候必须明确期间的概念，这对催款具有重要意义。

② 诉讼时效期间的计算方法

诉讼时效期间，通常是从权利人的权利可以行使之时算起，而不是权利发生时算起。如民事权利发生时，权利人就已经享有请求履行义务的权利，其诉讼时效期间应当根据民事权利发生时算起，权利人的请求才开始行使。

对此，法律也有具体的规定，主要有以下几种。

a. 有约定履行期限的债权请求权，从期限届满之日的第二天开始计算；

b. 没有履行期限的债权请求权，从债权人主张权利时算起；债权人给对方准备时间的，则从该期限届满之日的第二天开始计算；

c. 附条件的债权请求权，从条件成就时开始计算；

d. 附期限的债权请求权，从期限到达时开始计算；

e. 请求他人不作为的债权请求权，应当自义务人违反不作为义务时算起；

f. 因侵权行为而发生的赔偿请求权，从受害人知道或应当知道其权利被侵害或损害发生时起计算。

值得注意的是，诉讼时效的开始必须符合一个前提，那就是权利人知道或者应当知道自己的权利受到侵害，否则不计算时效。损害事实发生时，受害人知道从损害时起计算；损害事实发生后，受害人才知道的，从知道时起计算；在人身损害赔偿中，侵害当时即发现受伤的，从侵害当日起计算；侵害当时未曾发现的，事后经检查确诊并证明是由该侵害引起的，从伤势确诊之日起计算。

③ 诉讼时效期间的时间规定

根据我国《民法通则》的规定，期间包括法定期间和人民法院指定期间两种，其具体的计算方法，如表9-5所列。

表9-5 关于诉讼期间的规定

人民法院指定期间一律按照公历：年、月、日、时计算，开始时间叫做始期，其终结时间叫做终期	民法期间中所谓的"以上"、"以下"、"以内"、"届满"，包括本数；"以外"、"不满"则不包括本数
	以年、月、日计算期间的，当天不计算在内，从下一天开始起，并且必须以日历上的时间为准，以小时计算期间的，从规定之时开始计算
	期间最后一天是星期日或者其他法定休假日的，以休假次日即第二天为最后一天，期间最后一天截止时间为24点的，如果规定有业务活动时间的以直至停止业务活动的时间为止
法定期间	指定期间，是指人民法院根据案件的执行情况，依职权指定完成某项诉讼行为的期间。通常情况下指定期间不应任意变更，如遇有特殊情况，法院可依职权变更原确定的指定期间

（3）诉讼时效期间的特别规定

除上述规定外，法律还对诉讼时效期间做了特别规定，主要体现在三个方面。

第一，在法律规定的时间期限之后，也即是在诉讼时效期满后，义务人免除其应尽的义务，但是债还是存在的，还是可以时不时要求欠钱者还钱。如果义务人此时仍愿意自愿履行义务，权利人则仍有权利受领。

第二，诉讼时效因债务人再次同意履行义务。可以认定诉讼时效再次中断。权利人可以想办法说服债务人还钱，只要债务人一旦做出还钱行为，诉讼时效则重新开始计算。债权人遂可向法院起诉，只要债务人还有能力就必须还钱。

第三，诉讼时效制度所产生的后果异于常态的，一般原则是权利具有推翻事实状态的效力，而诉讼时效制度却赋予久已存续的事实状态优先于权利的效力。

技巧 85 必要时可利用支付令

> 支付令，是依法督促债务人限期履行债务义务的法律文书，是一种特殊的法律程序。债务人在收到支付令之日起15日内不履行的，债权人可直接申请人民法院强制执行。

支付令作为一种特殊的法律程序，具有多重优势，快速便捷，比如，申请支付令不必经过法院的审理程序；成本低廉，申请一次仅需百元左右，被称为处理债权债务关系、民事、经济纠纷的最好办法，因此，在处理债务纠纷问题上被企业和个人广泛使用。

按照法定程序，债权人向法院提出支付令的申请后，法院会在5日内通知是否受理。决定受理申请后，经审查债权人提供的事实、证据，对债权债务关系明确、合法的，在受理之日起15日内向债务人发出支付令。

那么，销售人员该如何申请支付令呢？其程序如下图。

（1）申请支付令的程序

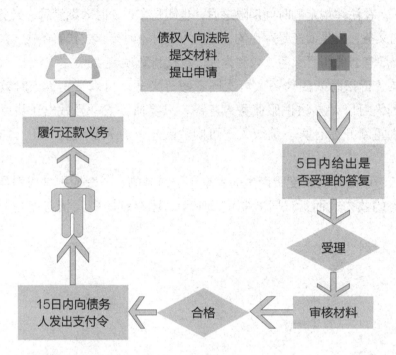

（2）申请支付令符合的条件

按照我国《民事诉讼法》的规定，支付令的申请需要符合一定的条件，不符合条件者没有申请的资格。销售人员申请支付令时需要满足以下5个条件。

① 提交申请书。

申请支付令，申请人必须向人民法院提交申请书，并且需要按照法定的要求书写。根据《民事诉讼法》第一百八十九条规定，支付令的申请书应写明下列事项。

    a. 写明申请人与被申请人的基本信息；

    b. 写明给付所根据的事实、证据；

    c. 写明要求给付数额，或有价证券数量及种类；

    d. 写明申请人与被申请人之间没有其他债务纠纷。

支付令申请书模板如表9-6所列。

表9-6　支付令申请书模板

```
                        支付令申请书
  申请人：_____性别：_____生于_____
  联系电话：_____
  被申请人：_____
  住　　所：_____
  法定代表人：_____
  职　　务：经理
  联系电话：_____

  申请事项：_____


  事实与理由：




     基于上述事实，且申请人与被申请人之间并无其他债权债务关系，依据法律的相关规定，申请
  人特向法院提起申请，请求法院向被申请人发出支付令，督促被申请人给付人民币_____整。
     此致_____
                                          申请人_____
                                              年_____月_____日
```

② 双方的债务具有法定性。

依照民事诉讼法的规定，适用支付令的债务关系必须明确，即债权人与债务人之间的纠纷符合法律规定，且债务关系是单向的，债权人只享有债权的权利，债务人只负有还款的义务，没有其他债务纠纷。

> 如果债权人与债务人之间互有纠纷，即相互向对方承担某种给付义务，双方的权利义务关系无法仅凭一方当事人的申请就可以认定，则不适用督促程序，应按普通程序或简易程序予以解决。

③ 标的物符合法律要求。

法律规定，债权人向人民法院申请支付令，要求债务人支付欠款的标的物仅限于金钱或汇票、本票、支票以及股票、债券、国库券、可转让的存单等有价证券。其他标的物的给付请求比较复杂，需经调查、取证和开庭审理才能认定，故不适用申请。

同时，要求债务人给付金钱的，包括货款、赔偿金、贷款、利息、欠款、债务利息以及延迟履行金等。

④ 能够送达债务人。

能够送达债务人是指当人民法院按照法定方式送达时，债务人直接收到支付令中。即申请人要有明确的债务人，或者债务人在人民法院可支配的范围。比如，债务人不明确的，有多个债务人且不在同一管辖范围内的，或者正在躲藏、逃亡，而无法确定其具体地点的债务人，则不适合申请。

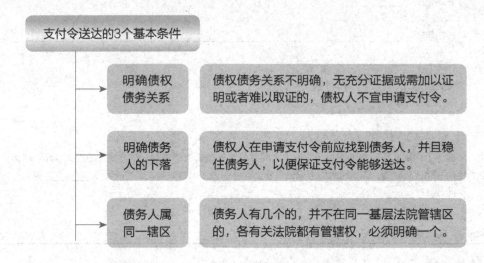

如果支付令不能直接送达债务人，债务人在履行债务期限、提出书面异议以及债权人申请强制执行的期限都无法计算，鉴于此，债权人在向人民法院申请支付令时，应同时详细告知债务人的基本情况，以便人民法院确认送达支付令的条件和选择有效的送达方式。

只有符合上述4个条件，才可以向法院申请支付令。

（3）支付令实施过程中需要注意的事项

① 要注意支付令的时效。对于债务人在法定期间既不提异议也不履行支付令的，债权人应当在支付令时效期内向人民法院请求强制执行，以免支付令"过期作废"，债权人丧失清偿债务的主动性。

② 债务人收到支付令之日起15日内仅清偿部分债务的，债务债权人可对未尽的义务要求法院强制执行；对于债务人在这期间提出书面异议的，债权人可及时向人民法院提起诉讼。

技巧 86 如何对债务人财产进行保全

> 债权人通过法律手段达到回款目的,还有另一个手段即是对债务人的财产进行保全。财产保全是指人民法院在利害关系人起诉前或者当事人起诉中,为避免债权人遭受损失,对债务人财产或标的物采取限制的强制措施。

诉讼保全是指法院对某个案件在做出正式的判决前,为防止被告转移、隐匿、变卖财产,依法对其财产做出的一种保护措施。具体措施有查封、扣押、冻结。财产保全一般由当事人申请,人民法院审查后决定是否采取保全措施。

(1) 财产保全的意义

财产保全可以限制债务人故意隐瞒、转移财产的不良居心,对保护债权人的利益起着十分重要的作用。具体表现在3个方面。

① 防止债务人转移、隐匿财产。

在债权债务关系的解决中,往往会出现这样的情况:债权人在起诉前发现债务人拥有可供清偿债务的财产,但是债权人起诉后,上述财产被转移、挥霍或者隐匿,这势必导致"官司赢了,执行困难"的结果。

我国《民事诉讼法》规定了诉前财产保全的措施,为债权人提供了一个有效的救济手段或"应急"措施,只要债权人发现债务人转移、挥霍或者隐匿其财产的动机或行为,且这种行为将会导致债权人的合法权益受到难以弥补的损害,债权人就有权向人民法院申请诉前财产保全,为债权人实现权利创造条件。

② 督促债务人自觉偿还债务。

人民法院决定采取诉前财产保全措施后，将进一步对债务人的有关财产采取查封、扣押、冻结或者法律规定的其他措施，以防止债务人私自处理被保全的财产。保全措施的"权威性"与"震慑力"，无疑会对债务人造成一定的精神压力，使其感到偿还债务无法避免，促使债务人自觉进行债务的清偿。

③ 辅以诉讼，确保债权人的权利实现。

财产保全虽不能直接解决债权债务问题，帮助债权人实现权利。但作为一种辅助手段，保障措施，其作用不可忽视。可以很大程度上为债权人实现权利创造有利条件，因此，在人民法院采取诉讼前的财产保全措施后，只要债权人起诉，其合法权益就会得到保证。

（2）财产保全的类型

按照诉讼的时间不同，财产保全有两种，一种为诉中保全，一种为诉前保全。诉前保全指诉讼前的财产保全，是指人民法院在诉讼开始前对有关财产进行保全的措施。诉中保全是指人民法院在诉讼执行过程中对有关财产进行保全的措施。这两种财产保全虽有不同，如表9-7所列，但相辅相成，共同为债权人权利的实现提供切实的保障。

表9-7　诉前和诉中两种财产保全的区别

项目	申请主体不同	申请时间不同	对申请人要求不同
诉前保全	由利害关系人向有管辖权的人民法院提出	在起诉前提出	申请人必须提供担保，不提供担保的驳回申请
诉中保全	由申请人向有管辖权的人民法院提出	在案件受理后、判决生效前提出	人民法院责令提供担保的，申请人必须提供担保；没有责令提供担保的可以不提供

（3）财产保全的程序

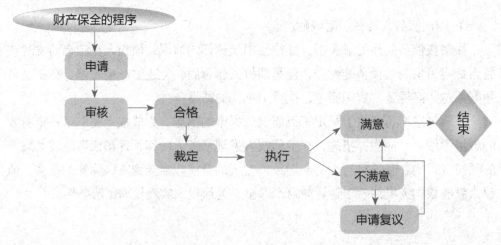

① 申请。

诉讼财产保全在申请前，必须由当事人，或利害关系人提出申请。（诉前财产保全由利害关系人提出申请，诉中财产保全可以在起诉时也可以在诉讼中提出）。申请的填写要注意如下3点。

a. 写明保全的理由，即为什么保全。

b. 提供相应的担保，如果不提供担保，法院有可能拒绝保全请求。

c. 提供被保全财产的具体位置和数量，否则法院无法执行。

债权人申请财产保全模板如表9-8所列。

表9-8 诉讼财产保全申请书模板

申请人	姓名		性别		出生日期		民族		地址	
被申请人	姓名		性别		出生日期		民族		地址	

请求事项

1.

2.

事实和理由

1.

2.

此致

××人民法院

申请人：××

××年×月×日

② 财产保全的裁定。

诉前财产保全必须在接到申请后48小时内做出裁定。诉讼保全如果是情况紧急的，也应在48小时内做出裁定。裁定采取保全措施，应当立即执行。财产保全裁定不得上诉，一经做出，即发生法律效力。但当事人可以申请复议一次，复议期间，不停止裁定的执行。

③ 诉讼财产保全的解除。

如果被申请人提供担保、诉前保全的申请人在15天内未起诉的或者其他需要解除的情况出现时，法院应当裁定解除保全。

（4）债权人申请诉讼财产保全的注意事项

```
                申请诉讼财产保全的4个注意事项

   防止债务人利用时间差转移财产
                                   对已超诉讼时效的请求不应再申请

   债权人应根据情况决定是否行使
                                   债权人无力提供担保时可直接起诉
```

① 防止债务人利用时间差转移财产。

由于从债权人提出保全申请，到保全措施的实施中间是有一定的时间的，债务人也会利用这样一个"时间差"转移、挥霍或者隐匿其财产，从而规避应承担的偿还债务的法律责任。因此，债权人在申请诉讼前，必须密切注意债务人的动向。

② 对已超过诉讼时效的权利请求，不应再申请。

法律规定，一旦债权人的权利请求超过了诉讼时效，且又无任何正当的理由可以顺延时效期限的，债权人即丧失了"胜诉权"，这样的话，债权人申请的诉前保全就会依法被解除，由此引发的后果也由债权人承担。因此，为了避免对自己不利的后果，对已超过诉讼时效的债权不应提起诉前财产保全。

③ 债权人应根据情况决定是否行使诉讼。

《民事诉讼法》规定，申请人可行使自己的诉讼权，但是是否起诉由申请人根据实际情况自行决定。债权人诉讼财产保全是为了借助诉讼手段进一步实现自己的权利，但当债权人确定仅凭诉讼财产保全无法实现其权利时，就没有实施的必要。

④ 债权人无力提供担保时可直接起诉。

《民事诉讼法》规定，财产保全申请人必须提供担保，不提供担保的驳回申请。但在实践中，债权人虽向法院提起诉前财产保全，但是由于经济上的原因而无力提供担保时，债权人可直接向人民法院起诉，以便人民法院在受理案件后不会因为是否提供担保耽搁。

基于债权人的实际情况，人民法院可依职担保，或不要求债权人提供担保即可实施诉讼财产保全，这对债权人有利。

技巧 87　必要时可申请先予执行

> 根据法律规定，债权人有权申请先予执行，在讨债过程中必要时销售人员可申请先予执行，以获得及时、快速实现回款的目的。先予执行即向人民法院依法申请提前做出裁决，执行申请结果。

根据《最高人民法院关于适用<中华人民共和国民事诉讼法>若干问题的意见》第十条规定："人民法院应当在受理案件后终审判决做出前采取。"

先予执行是指人民法院在某些案件做出判决以前，为解决和满足权利人当前的生活或生产经营的紧迫要求，先行做出裁定，以责令被申请人立即执行某种给付义务。

（1）申请人提出申请

销售人员向人民法院申请先予执行须先提出申请，先予执行模板如表9-9所列。

表9-9　先予执行申请书模板

先予执行申请书
甲方：_____　单位：_____　地址：_____
法定代表人：_____　联系电话：_____
乙方：_____　单位：_____　地址：_____
法定代表人：_____　联系电话：_____
申请事项：_____
事实与理由：

续表

> 基于上述事实，且申请人与被申请人之间并无其他债权债务关系，依据法律的相关规定，申请人特依据我国《民事诉讼法》的相关规定，按照当地的生活水平，请求人民法院先予执行上述请求，以解决申请人的困难。
> 　　此致_____
>
> 　　　　　　　　　　　　　　　　　　　　　　申请人_____
> 　　　　　　　　　　　　　　　　　　　　_____年_____月_____日

（2）申请先予执行应具备的条件

销售人员在向人民法院申请先予执行时，应符合以下4个条件，具体如下。

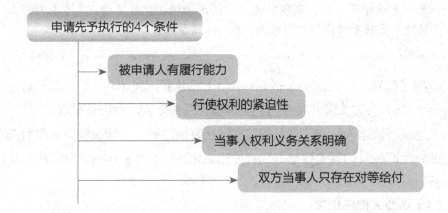

① 被申请人有履行能力。

对于债权人来讲，申请先予执行的目的，就是要债务人给予支付金钱或者财务以满足其生活或者生产经营的需要，如果债务人没有履行义务的能力，则申请先予执行就没有任何意义。

② 行使权利的紧迫性。

即享有权利的一方当事人急需实现其权利，如不实现则会严重影响其生活或生产。

③ 当事人之间权利义务关系明确。

就债务案件而言，必须具备两个方面的要求：第一，申请人和被申请人之间必须存在着债权和债务的关系；第二，债权人和债务人之间债务关系必须明了、确切，如果债务人和债权人之间的关系不分明或不可靠，则不予以执行。

④ 双方当事人之间只存在对等给付。

即一方当事人享有权利，另一方当事人承担义务，不存在对等给付的义务；债务人如果不履行义务，债权人就无法安排其生产和经营活动，甚至会出现倒闭的情况。

第十章

亡羊补牢，
巧妙处理破产客户回款

催款人员最害怕遇到的一个问题便是客户破产，客户一旦破产就意味着欠款可能付诸东流，回收的希望渺茫。但这并不意味着不可收回，其实，只要运用正确的方法同样可以达到亡羊补牢的效果。

技巧 88 破产不再是免费午餐

> 不少企业利用破产逃避债务,看似破产,实为逃债,其目的是把破产当作一种手段,迷惑销售人员继续催款,千方百计赖账、逃债,严重侵犯债权人的合法权益。

"如果客户破产,我们就无法收回货款了"这是大多数销售人员在催款过程中常出现的担忧。可能正是抓住了催款人员的这种心理,很多经营状况不太好的企业,尤其是中小企业会利用申请破产的保护伞,企图躲过债务。

那么,销售人员催款时该如何最大限度地保障自己的利益呢,需要做好以下几方面的工作。

（1）破产不等于无力偿还债务

不可否认,经济效益不好的企业大多数选择破产是必然的,但并不等于就到了无力偿还债务的地步。也就是说,即使欠款客户将来有可能破产,或正在破产,也可以有权利收回应得的欠款。

依照我国相关法律的规定,债务人在合同有效期内无法清偿债务的,即使申请破产也有义务清还债务。人民法院受理破产案件后,会在至少30日内通知债权人,债权人可依法对破产企业进行财产清算和处理,对此在《企业破产法》中有明确规定：

《企业破产法》中关于债权人依法取得债务的有关条款：

第四十四条　人民法院受理破产申请时对债务人享有债权的债权人,依照本法规定的程序行使权利。

第四十五条　人民法院受理破产申请后,应当确定债权人申报债权的期限。债权申报期限自人民法院发布受理破产申请公告之日起计算，最短不得少于三十日，最长不得超过三个月。

第四十六条　未到期的债权，在破产申请受理时视为到期。附利息的债权自破产申请受理时起停止计息。

第四十七条　附条件、附期限的债权和诉讼、仲裁未决的债权，债权人可以申报。

第四十八条　债权人应当在人民法院确定的债权申报期限内向管理人申报债权。

（2）明确破产企业逃避债务的常见做法

从这个角度来看，即使客户企业需要破产，按照法定程序也需要支付欠下的债务。如果对方坚持不清还债务，必定存在暗箱操作的嫌疑。事实上，确实有很多企业利用破产机会，迷惑催款人员，要么转移财产，要么逃避债务。

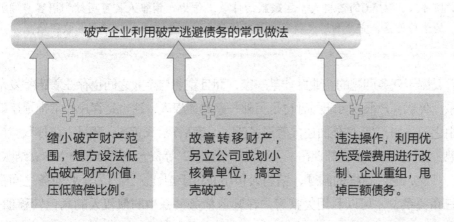

破产企业利用破产逃避债务的常见做法：缩小破产财产范围，想方设法低估破产财产价值，压低赔偿比例。 / 故意转移财产，另立公司或划小核算单位，搞空壳破产。 / 违法操作，利用优先受偿费用进行改制、企业重组，甩掉巨额债务。

① 故意隐瞒财产，缩小破产财产范围，想方设法低估破产财产价值，压低赔偿比例。在对破产财产进行估价时，有些企业只对固定资产进行评估和作价，忽略了企业的无形资产（专利、商标等知识产权），对无形资产不作价、不评估。这使破产财产的作价金额被压低，债务率超过实际负债率，形成"无资产"清偿债务的局面。

② "恶意"破产，故意转移财产，另立公司或划小核算单位，搞空壳破产。有些企业通过改制，抽逃资产，使原单位名存实亡，债务悬空，待破产清算结束免去余债后，以原企业的有效资产为基础再重新开张。有的企业甚至一边静悄悄地酝酿破产，一边又紧锣密鼓地筹办公司。

③ 违法操作，使企业无产可破。目前，在企业破产中存在着这样一种做法：即根据职工人数和破产企业资产状况，首先从破产财产中提取一定比例或一定数额的职工安置费。如果破产企业为其他企业所购买或接收，则将这一费用以资产

形式拨付给购买者或接受者企业。实践中有的企业清算费用惊人，有的企业一面进行破产，一面又利用清算中获取的高额优先受偿费（包括职工安置费）重新组合、入股联营建立新的企业，以此方法甩掉巨额债务。

技巧 89　转移债权回收账款

> 企业间的债务问题，就像大自然界的生物链一样，一环套着一环，A是B的债务人，又是C的债权人。在账款的催收工作中，销售人员可巧妙利用客户间的这种关系，充分利用欠款客户与其债务人的债务关系，转移债务收回账款。

受困于债务问题的企业并非某一家，而且企业与企业之间也存在着错综复杂的关系。欠款客户很有可能同时也是另外一家的债权人，这也是客户经常拖延还款的理由之一。如，"我们外面还欠着很多债呢，等A打给我货款，我马上还你"、"再等等吧，我们大部分资金都押在了下游合作企业上，等资金一周转开马上给您结账。"

其实，遇到这样的问题，销售人员不必过于担忧。正因为企业债务之间存在的三角关系，才可以利用欠款客户在其他债务关系中的债权人的角色转移债务，使客户的债务方直接结账给自己。

其模式如下图所示。

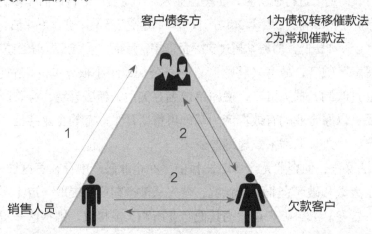

上述做法就是转移债权的方式，债权的转移必须经过欠款客户及其债务人的同意，建立在三方平等协商的基础上。

具体操作流程如下。

① 核查欠款客户的其他债务关系，寻找合适的债务人作为债权转移者。

② 与欠款客户及其债务人进行协商与交流，通过三方协商达成债权转移的一致协定。

③ 债权成功转移之后，直接向已经确定的债权转移者即欠款客户的债务人催收欠款。

债权的相互转移，最终目的是使债务关系更清晰，催收更高效、便捷。所以，销售人员在促成欠款客户债权进行转移时，应力争达到以下3个效果。

① 力争使异地债务转移为同地债务。

在经济交往逐渐频繁的今天，业务范围逐步扩大，异地债务也同步增长。但异地债务在时间、经费、人力诸方面都比同地催款付出得更多。因此，销售人员要合理地运用欠款客户与第三方的关系，将异地债务转化为同地或同城的债务。如，欠债方在广州，在全国多地有外债，我方在北京，那么，我方要尽量将其债务关系转到北京。

② 力争将债务转移到偿债能力强的债务人身上。

转移债权的目的在于催款，如果将三角债理顺成为两方之间的债权债务关系，但如果债务人无偿债能力，这种转移就失去了意义。因此，在考虑转移债权时，应该把最终的债务人的偿债能力考虑进去。

③ 力争将复杂债务关系转化为简单的债务关系。

债权转移，由于债务人同时是另外一个债务关系的债权人，这样的债权债务关系往往会涉及第三方甚至第四方，各方的债权债务关系交叉在一起会很复杂。因此，在转移债权时应尽量将对方债务变为双方的债务。这就要求，第一，将债务人的全部债务全部转移到第三者身上，坚决避免多人偿还，分割偿还；第二，第三方有独立的偿还能力，没有债权债务关系。

可见，由于异地、第三方的参与等，利用转移债权的方式进行回收账款，债务关系将会更加复杂。因此，在运用这种方法时需要注意一些问题，具体有以下四个。

① 确认欠款客户对第三方债务人的债权具有合法性与有效性。

② 慎重选择第三债务人，兼顾这一催款法的风险程度，在选择第三方债务人即债权转移者时需要特别谨慎，力争将风险降至最低。

③ 充分结合实际情况，这里的实际情况就是考虑两个债权数额的大小，尽可能地在数额相当的两个债权之间进行转移，当欠款客户的债权数额远远小于对自己企业的债务数额时要谨慎采用此方法。

④ 严格按照有关法律法规展开债权转移工作，在相关债权转移协议上明确三方各自的权利与义务以及彼此间的关系

技巧90 以物抵债回收账款

> 以物抵债是债权人在无法以货币资金收回应收账款时，为降低资产风险，以债务人实物资产抵偿债务的行为。通过这种方式可以很大程度上减少回款损失，至少避免货款两失的风险。

当欠款客户确实无法以现金方式偿还应付账款时，销售人员建议欠款客户以其企业的某些物质资产来进行抵债。按照法律的规定，债务人在采取各种有效手段后仍然未能以货币形式偿还债务的，可以以物抵债。

所以，欠款客户主动要求以某些商品或其他物质资产来抵债时，销售人员在这种情况下，可以接受。

值得注意的是，在接受以物抵债时还需要对对方的抵债物进行一番考察，衡量是否符合抵债的要求。符合抵债要求的两个标准，一要合法，符合法律的规定；二要有价值。

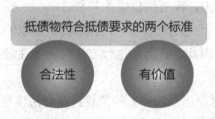

（1）合法性

考察所有抵债物资的合法性与可行性，确保具有相应价值的抵债物资具备抵

债资格，并在执行过程中不会出现不必要的麻烦。

主要表现在抵偿物应该归债务人所有，或者债务人依法享有处分权，并且具有流通变现能力的财产。主要包括以下几类。

a. 有价证券，如汇票、本票、支票、提单、股票和债券等；
b. 房屋或者其他地上建筑物；
c. 剩余使用年限在20年以上的国有土地使用权；
d. 交通运输工具；
e. 生产设备和办公设备；
f. 原材料和成品；
g. 其他具有较强变现能力的财产等。

（2）有价值

即债务人所抵债的财产价值要与应收账款相符，并具有变现能力，否则，在法律规定的范围之内也不足以抵债。这就需要对欠款客户用以抵债的各项物资的实际价值进行科学评估，既要保证这些抵债物资可以在一定时期内为我方创造较大价值，又要保证这些抵债物资的实际价值不低于相应的账款数额。

在平等协商的基础上签订具有法律效力的以物抵债协议。协议的内容必须完整、有条理。通常来讲，至少要包括以下内容：双方的基本信息、用以抵债的具体物质资产、具体抵债物资的交付时限和方式、抵债资产用于抵偿的实际债务、抵债所发生的费用以及双方的其他相关权利与责任、双方负责人签字及公司盖章等，如表10-1所列。

表10-1　以物抵债协议模板

以物抵债协议
甲方：_____　单位：_____　地址：_____ 法定代表人：_____　联系电话：_____ 乙方：_____　单位：_____　地址：_____ 法定代表人：_____　联系电话：_____
第一条　抵债财产
第二条　声明和保证
第三条　抵债金额
第四条　财产交付

续表

第五条　费用
第六条　违约责任 甲方_____ 乙方_____
第七条　协议的生效 本协议自双方签字或按手印之日起生效。本协议未尽部分，可协商签订补充协议，补充协议与本协议具有同等法律效力。 本协议一式_____份。各方各执_____份。 　　　　　　　　　　　　　　　　　　　　　　　甲方：_____年_____月_____日 　　　　　　　　　　　　　　　　　　　　　　　地点：_____ 　　　　　　　　　　　　　　　　　　　　　　　乙方：_____年_____月_____日 　　　　　　　　　　　　　　　　　　　　　　　地点：_____

不过，采用以物抵债的方式，在实际操作过程中往往会面临许多问题，在欠款客户无法偿还账款的前提下，需要步步谨慎，注意处理方式和技巧，否则很可能会将一大笔应收账款变成一些毫无价值的物资。所以，应提前考察欠款客户的内部经营状况与财务状况，确信其没有还款能力之后再采用以物抵债的方式。

技巧 91　劳务抵债回收账款

> 劳动力具有一定的价值，可以用一定数量的货币来衡量，劳务清偿就是把债务人提供的劳务折算成一定量的货币来冲抵所欠的债务。这是一种特殊的和解履行形式。

如果客户已经到了钱财两空的境地，再一味地对欠款客户紧追不舍也是没用的，必须采取可行的措施，降低损失。这时不妨选择劳务抵债的方式，根据自身的需求、客户的情况，要求欠款客户提供一定的劳务输出，这样既可以减轻其还款压力，还有助于双方的进一步合作，最终实现彼此的共赢。

然而，劳务抵债的运用范围十分有限，真正的实施会受很多条件的限制，比如，债务人的资格审查，债权人是否有相应的需求，需求是否对应等。

那么，劳务抵债的实施需要符合哪些条件呢？归纳总结，主要有以下3个方面。

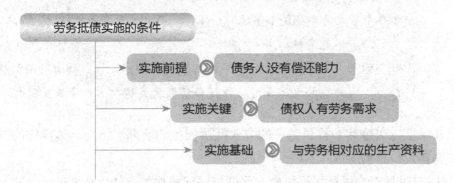

（1）债务人丧失了偿还能力

这是劳务清偿实施的前提。无偿还能力是指经人民法院执行人员查实，确实无任何财产可供执行，包括未拥有有效的股份、债权和无形资产等，本身又无稳定收入来源，并且没有隐藏、转移财产的行为，此种情况下人民法院可裁定中止执行。但为了尽快解决执行问题，经双方当事人同意可用劳务清偿方式抵消债务。

（2）债权人有劳务需要

这是劳务清偿能否适用的关键。劳务清偿的作用在于通过债务人提供的劳务来抵消与申请执行人之间的债务关系，而被执行人提供的劳务是否能对申请执行人产生应有的经济效益，关键在于申请人是否有劳务需求，只有当申请人有这种劳务需求时，债务人用劳务价值冲抵债务的清偿方式才可能实施。

（3）与劳务相对应的生产资料

与劳务相对应的生产资料是指债务人要能提供适应劳务需要的劳动技能和生产工具，这是劳务清偿适用的基础。申请人所需要的劳务可以分为一般劳务和技能劳务。一般劳务不含有技术因素，是具有劳动能力的人都能完成的工作；技能劳务则需要劳动者具备某方面的专业技术才能完成。这两种劳务有时都要求劳动者有劳动所必备的生产工具。债务人提供的劳务必须符合申请人的要求，即能产生申请人所期望的劳动成果。

采取劳务抵债，虽然有助于债权方最大可能地确保权益，但是其潜在的风险不可忽视。主要表现在以下几方面。

> （1）强制性
> 劳务抵债是一种较为特殊的和解履行形式，通常是在人民法院，或仲裁机构的参与下达成和解的。某种程度上具有一定的强制性。
> （2）不可控性
> 劳动力因具有一定的价值，成为债务人抵债的一种方式，但由于每个劳动力本身是个单独的个体，从而也为后期的执行埋下隐患。
> （3）不稳定性
> 劳动力不像物力、财力那样具有一定的稳定性，随着时间的推移，工作环境的变化或者工作任务的变化，劳动力也会发生变化。

在采取以欠款客户提供劳务的方式抵偿债务的前期准备与具体操作的过程中，销售人员必须注意以下4个问题。

① 与欠款客户进行平等协商，保证每一项操作的合法性与合理性，确保欠款客户积极自愿地向我方进行一定的劳务输出，这是确保双方权益的基础。

② 仔细考核欠款客户提供的具体劳务，确保这部分劳务资源能够为我方企业创造相应的价值，以免我方企业遭受损失。

③ 签订相关协议，说明具体的劳务类型、数量以及所抵偿账款的金额和具体的生效时间与期限等。

④ 与企业内部的其他部门及工作人员紧密配合，对整个劳务抵债的过程进行有效监控，发现问题及时采取相应措施进行处理。

# 技巧92 促成并购回收账款

> 当欠款客户濒临破产时，销售人员如果还冷眼旁观，只关心着自己的欠款，那等待的只有应收账款的彻底流失。随之而来的则是本企业不得不面对更大风险。

对于无力偿还账款而有良好信誉的客户，应该给予最大的帮助，帮助其走出困境。比如，并购，就是一件双赢的事情，当然这是企业间的问题，不是销售人员能决定和支配的。不过销售人员至少可以向本企业的高层反应这个状况，说明并购的可能性和带来的好处。

通过促成并购达到成功回收账款的目的，这一方法主要是针对那些暂时面临困境，但具有发展前景的企业，在被并购后仍具有发展空间。

通过促成偿还账款客户与企业之间的并购，来实现成功回收账款的目的，这在催款实践中是一条非常实用的方法。因为通过并购合作，债务关系就会转移到并购成功的新企业身上，这样销售人员就可以根据相应的协议与规定，向并购成功的新企业进行收回。

但值得注意的是，这一方法也有许多难以操作的地方，如果不对这些问题进行充分考虑和分析就很可能面临失败。在实际操作过程中，销售人员需要全面考虑，以下5个问题是必须要注意的。

① 认真调查欠款客户企业内部的经营管理状况及相关债务问题，做到对欠款客户的各个问题心中有数。

② 对欠款客户内部各个问题进行梳理，确保在并购之后能够切实解决欠款客户与本企业的账款问题。

③ 帮助欠款客户寻找合适的合作伙伴，并与欠款客户及其合作伙伴就具体的账款回收问题达成一致。

④ 协助欠款客户完成并购之后的各项工作，如资源整合、结构调整等，使其并购之后迅速走向正轨。

⑤ 及时向并购之后的企业展开账款回收工作，以便完成具体的催款目标。

参考文献

[1] 王曙光. 企业应收账款过高的因素、规避及化解. 四川会计, 2002, 3.

[2] 方斌, 郑方顺. 加强企业信用管理的若干建议. 四川会计, 2002, 1.

[3] 费忠心. 企业要利润但也应减少应收账款增加现金净流量. 四川会计, 2001, 1.

[4] 何红渠, 肖绍平. 应收账款全面管理的新方法——PDCA循环法. 财务会计, 2001, 6.

[5] 财政部注册会计师考试委员会办公室. 会计. 北京: 经济科学出版社, 2002.